有能力，更該有人力

還在孤軍奮戰流血流汗？
那些你花費很多心力的事情，
有時候只需要「人脈」就能搞定！

康昱生，老泉 編著

老是抱怨自己懷才不遇、沒有遇上伯樂？甘願埋頭苦幹，覺得靠關係走捷徑很羞恥？
若還抱著這種與世隔絕的心態，等到窮途末路就已經太遲！

除了靠自身的能力，「人脈」也是一種實力！
有效管理人際資源，沒有走投無路的一天！

目 錄

目錄 ————————————

第三章　你的運氣就在你的朋友之中

第四章　找到助你上青天的那個「貴人」

第五章　關鍵時刻秀出自己

第六章　能言善道是一種軟實力

目錄

第七章　團隊合作越來越重要

第八章　能力有限時怎麼辦

前言

有一天，一位昔日的同學到我家玩，他大學畢業、取得碩士學位，在一家公司從事軟體開發工作，他性格內向、工作執著、認真、敬業，但常有一種懷才不遇的感覺。

按理說，他是一位積極務實的年輕人，做事腳踏實地，可以說能力很好，但他為什麼還會有這種懷才不遇的感覺呢？經過分析，我發現他並不缺乏能力，但缺乏人與人之間的溝通，也就是良好的人際關係。

有一句西方諺語說得好：一個人的成功，很大程度上取決於他與別人相處的能力。真是一語中的。它告訴我們，能與別人相處是你的能力，能與別人處得好才使你有好人脈。僅有能力而不能與別人相處融洽，你的事業難免處處碰壁，甚至功虧一簣；僅有好的人際關係而缺少真才實學的能力，同樣只能竹籃打水一場空。可見，對能力和人脈的理解，古今同理，中外皆然。

一個人如果有能力、善溝通、有人緣，他的事業就會正成長；有能力、無人緣、不善溝通，則可能不成長，甚至會負成長。要想事業成功，能力和人脈是你的左右手，不可或缺。

有人也許會問：既然成功主要靠人脈、靠人際關係，那我們不必認真學習，不用努力工作，我們四處跑人脈，每天呼朋喚友，觥籌交錯，比學習或工作愜意多了。我說，這肯定是不對的。

「濫竽充數」的寓言故事大概沒有幾個人不知道吧？這個故事裡的南郭先生裝模作樣，矇混過關。後來卻不得不連夜逃跑了。這就是缺乏能力、沒有真才實學的下場。

現在是一個急需人才的時代。「人才」是什麼？我想，「人才」就是

前言

在各個領域中具有真才實學的人。南郭先生這樣的人應該也算人才,不過是偽人才。放眼當今社會,各行各業多少都存在著「濫竽充數」的現象,存在著只會吹牛拍馬屁亂攀關係,而無實際能力的人。這樣的現象輕則使團隊陷入一片混亂,重則使國家、人民蒙受巨大的損失。「濫竽充數」的故事雖然發生在春秋時代,但給我們留下的啟示是深刻的,現在這個時代,想要不被社會所淘汰,就一定要做一個不僅人緣好而且要有真才實學的人。

所以說,「能力」是通往成功的階梯、是通往成功彼岸的必備條件;「人脈」是是促使成功的催化劑。沒有能力,就不可能成功,但僅有能力要想成功是遠遠不夠的;沒有人脈,想取得成功會非常困難,成功需要能力,同時成功更需要人脈幫助。

能力和人脈對於我們如此重要,那麼,要怎樣才能擁有超強的能力和融洽的人際關係呢?要怎樣才能避免只有能力缺乏人脈或只有人脈而能力不夠的人生缺憾呢?要怎樣學習並提升能力?怎樣掌握並經營好人脈⋯⋯這諸多的問題,本書將一一為您解答。希望您對本書的閱讀,將使您的能力如虎添翼,將讓您的人脈創造機遇,引來幸運之神,從而早日成功。

第一章
成功的雙翅：能力與人脈

能力是看家本領，人脈是祕密武器。能力重要，人脈也重要，兩者互相倚靠，如同一個「人」字，缺一不可。能力強、人脈好，你就會「一分耕耘，十分收穫。」沒有能力，就不可能成功，但僅有能力要想成功是遠遠不夠的；沒有人脈，想取得成功會非常困難，成功需要能力，同時成功更需要人脈幫助。翻開歷史你會發現，凡是走到事業頂端的佼佼者，他們無一不是能力強而且人脈廣的人。

能力在左，人脈在右

　　在人生道路上，很多人都知道怎麼去做事，然而真正做成功的人並不多。成功與失敗的原因就在於：有的人有人脈而無能力，有的人有能力而無人脈。

　　由此可知，想要成就一番事業，人脈和能力是不可或缺的，雖然有人說人脈比能力重要，但在事情的緊要關頭，能力常常有著非同尋常的作用。因此說，能力是看家本領，人脈是祕密武器。能力重要，人脈也重要，兩者互相倚靠，如同一個「人」字，缺一不可。能力強、人脈好，你就會「一分耕耘，十分收穫。」沒有能力，就不可能成功，但僅有能力要想成功是遠遠不夠的；沒有人脈，想取得成功會非常困難，成功需要能力，同時成功更需要人脈幫助。翻開歷史你會發現，凡是走到事業頂端的佼佼者，他們無一不是能力強而且人脈好的人。

　　我們看看這個例子：

　　春水是一家著名房地產公司的市場部推廣經理，她接觸的人大都是事業有成甚至小有名氣的客戶群。按理說，這樣的條件和環境，拓展自己的人際圈，增加成功的機率應該是不費吹灰之力的事情。但現實與理論總是有差距的。

　　時間過了好幾年，春水的名片盒裡有大把交換來的名片，手機、筆記型電腦、記事本裡都存滿了各種客戶的聯絡方式。在各種社交商務場合，她八面玲瓏、不亦樂乎。看似熱絡，但背後的孤獨也許只有自己才知道。

　　除了工作上的聯繫，她在這座城市裡的朋友並不多，甚至交男友都是一個難題。遇到事情需要幫忙的時候，抱著幾大本名片，卻實在想不出會有誰肯幫忙。

　　從春水的處境可看出，如果沒有了維繫人際的那顆真心，那種讓人放心或讓人佩服的能力，所有繁忙的人際留下的也只是喧囂背後的孤獨無依。在一次調查中，在 15,068 個受訪者中，87.5%的人有類似「熟人越來越多，朋友卻越來越少」的感覺。也許，這就是現代人的一個悲哀。看似四海皆友，實則沒有朋友。

　　所以說，人脈只是一個輔助的條件，自己本身的努力也很重要。如果自己不行，別人是沒辦法把我們扶起來的。

　　在現實工作中，大多數人的工作情況都是這樣的：有本事就是有本事，沒本事還是沒本事，很難矇混過關。老闆最終看的還是結果，如果我們拿不出成績的話，費勁心機經營多少人脈也是沒有用的。企業靠的是業績吃飯，跟老闆關係再好，拿不出成績的話也不能怪老闆翻臉不認人。

　　當然，能力在左，人脈在右，僅有能力而沒有良好的人脈也是難以走向成功的。在現在這個競爭的社會，如果有能力，若加上人脈，個人競爭力將是一分耕耘，數倍收穫。比如在當前一些快速成長的產業如高科技產業中，機會也很多，如果工程師們永遠不打開另一扇門，不聽聽別的聲音，不但自己可能面臨技術落後，被時間淘汰的風險，也無法躋身管理階層，更無從將技術、市場與行銷各領域整合起來，格局也將受到局限。

　　有人曾經問某公司董事長的成功經驗，他故作神祕地問：「你要聽大

話？還是實話？」那人說，當然是後者。他不改幽默本色，故意誇張地把門關上，然後才說：「就是靠朋友。朋友越多，機會也越多。很多機會當初自己根本沒想過，更沒看到。」出身貧寒的他，是從小業務員做起的，憑他的學歷及出生背景，竟然成就了今天的大業，確實誰也想不到。但他最大的優點是性格豪爽，很容易交到朋友，事實上他也正是靠朋友的介紹、引薦、扶持，一步一腳印走過來的。他有兩本總是隨身攜帶的「通訊錄」，因為他的人脈網路遍及各領域，上千、上萬條，數都數不清。

　　也許你對此不以為然，你認為好像只有從事保險、營銷、公關、新聞等行業，或者是公司的主管階層才需重視人際關係，實際上，在幾乎所有的領域中，人脈競爭力都是一個重要的課題。任何一個人都是如此，一個人能否成功，不在於你知道什麼，而是在於你認識誰。卡內基訓練專家指出，這句話並不是叫人不要培養專業知識，而是強調——人脈，是一個人通往財富、成功的門票。現在，你不妨靜下心來想想看，你曾經有多少次因為不善於經營人脈，而與機遇女神擦肩而過？多少次因為不肖於利用人脈，而走了很多的彎路，承受了多少不必要的挫折和壓力？

　　因此，對於最新提出來「能力在左，人脈在右」這一說法，是頗有道理的。

成功要具備「軟」「硬」體

　　如果說，人生是一個競技場，想成為贏家，想獲得成功，你就要有出色的競爭力，頑強的奮鬥精神，強到足以在這個競技場上戰勝各種困難，打贏不同的對手。

　　比如說打拳擊，它需要健壯的身體，但強壯的身體還只是打贏的「硬體」，還需要機靈的反應，堅強的意志，這便是致勝的「軟體」。「硬體」

和「軟體」加起來是致勝的法寶。

有許多拳師都這樣告誡弟子：不是說你的力氣越大，打出去的拳就越有殺傷力，你得在有力氣的前提下掌握出拳的技巧，即「左手擋人，右手出拳」。右手是打贏的根本，它具備力量、速度和爆發力，以便快速地瞄準目標，以到位的直拳或者勾拳解決戰鬥；左手是打贏的保障，它具備抗擊打性和穩定性，能夠擋住對方的出拳，配合右手擊敗對方。這就是說，無論是做企業還是做工作，能力是你的「硬體」，人脈是你的「軟體」，只有「硬體」和「軟體」有效地配合，才能克敵制勝，走向成功。

要想事業獲得成功，其實都是同樣的道理。俗話說，英雄出身也貧寒，歷史上有許許多多的名人、大企業家、甚至國家元首都是草根階層出身，那時候，他們既沒有勢力也沒有財力，可這些都沒有阻礙他們走向成功。為什麼？因為他們雖然「先天不足」，但他們都在後來為自己練就了超強的「硬體」和「軟體」。

像西漢的著名學者匡衡，出身於農民家庭，生活十分貧困。他從小就很渴望讀書，可是父母沒有能力供他上學，甚至連書本也買不起，匡衡只好向別人借書來看。某天晚上，匡衡很希望在睡前讀一讀書，但由於家中窮得連燈油也沒有，根本沒法點燈讀書。正當匡衡煩惱時，忽然發現絲絲的光線，正從牆壁的縫隙中透射過來，原來這是鄰居的燈光。匡衡心生一計，便用鑿子把那小縫挖大成一個小洞，然後捧著書，倚在牆邊，利用那點微弱的光線閱讀。從此，匡衡每晚就借鄰居的燈光，埋首苦讀，最後成為了著名的學者。

還有傑瑞·衛斯特（Jerry West），身高 191 公分，1960 年獲羅馬奧運會金牌，10 次入選 NBA 最佳陣容，1972 年獲 NBA 總冠軍，1969 年當選季後賽最有價值球員。他是 NBA 真正的神射手，能在關鍵時刻一錘定音。

1979 年入選美國籃球名人堂。其實傑瑞・衛斯特小時候家境貧寒，初中落選過棒球隊、田徑隊和橄欖球隊。然而性格內向的他廢寢忘食地在自家後院刻苦練習，終於掌握了一種快速出手的投籃技術。他以自己出色的球技加入了高中籃球隊，並帶領高中校隊奪得全國高中冠軍，同時成為西維吉尼亞州第一位單一賽季超過 900 分的少年英雄。當時有 60 所大學願意為他提供優渥獎學金，但是淡泊名利的他選擇了家鄉的西維吉尼亞大學。

決定能否成功的是你的能力強不強，人緣好不好。一個人如果沒有能力的累積和提升，人脈再好你也無法被人信任，只給人留下「有嘴皮子沒能耐」的印象；一個人如果沒有好人脈，縱使你的能力再強也無機會施展，只會落得懷才不遇、抱憾終身的下場。

現今社會，優勝劣汰，競爭激烈，你具備的貨真價實的能力是你的左手，是你站穩立足的根本。因為有能力的人到哪裡都能做得好、吃得開，受人尊重；而良好的人際關係是你的右手，是你事業發展的保障，它不僅能替你擋開麻煩，還能帶給你發展的機遇甚至能夠扶你一把的人生貴人。

所以說，能力和人脈是成功必須具備的「軟」「硬」體，是成功的雙翅，缺一不可。有人說能力勝於人脈，也有人說人脈勝於能力，這兩種說法都有失偏頗。因為能力在於發揮，而人脈在於運用，能力發揮得出色，人脈又運用得恰到好處，那麼你不成功都難。

事業需要左右逢源

「左右逢源」最早見於《孟子・離婁下》，本義為「資之深，則取之左右逢其源」。是說功夫到家後，就會用之不盡，取之不竭，比喻做事得心應手，順利無礙。因此，左右逢源人十分注重先練功夫，後做事。這功夫即是勤奮努力、開拓創新的功夫；又是不怕困難、百折不撓的功夫；還

是和氣生財、和衷共濟的功夫。說白了，這功夫就是能力和人脈。

通常，左右二字是相對的，人們把左、右作為方向：即左方和右方。他們之間有著深刻的辨證關係：二者相生相剋，相輔相成。有左則有右，有右則有左，左為天，即陽；右則為地，即陰，當左右相逢時，故為天地，它滋生萬物。

人生旅途中，有喜有憂，有成功亦有失敗。有些人遇到挫折失敗，走入困境時，束手無策，而認為「左右為難」，這說法是不準確的。如果「左」是引發問題的根源，那麼「右」則是解決問題的辦法，每一件事都有解決的辦法，只是暫時沒有找到合適的解決方法，這就是功夫不到家的表現。功夫到家後，就會用之不盡，取之不竭，做事得心應手，順利無礙，左右逢源。

人在不同的環境中求生存，特別是處在一個競爭激烈的社會裡，由於家庭、社會等因素造成了人與人之間的生存環境差別，只要煉就一身「功夫」，並奮發圖強，激發了自身的潛能，超越自我，培育堅韌不拔的精神，達到「值」的昇華，因而，正是這種競爭的環境，產生了生存之源 —— 左右逢源。英文 ALLWAY SUCCESS，意思是功夫到了家，不論怎樣做都能成功。

於今，我們處在競爭強烈環境下，身為一個行走在現代社會的人，怎樣做才能做到左右逢源呢？

首先我們相信自己，才會在走路時神采飛揚、工作時有無窮的精力、待人接物時落落大方，給人良好形象，更能培養跟你一起工作的人對你有信心。

第二要與人為善，你怎麼對待別人，別人就會怎麼對待你。也就是要待人如待己。其實，對周圍最有益的生物是生存得最好的生物。一個人做

了好事，總會有報答的，至於是在什麼時候，那只有老天爺知道啦。與人為善的好人，在事業出現困難時可減少別人放冷箭的危險。

第三是要勤勞好學，如果一個人不努力，他是無法從人生中得到好處的。做事取勝的黃金定律之一便是要有責任心，凡事盡力而為，並且要任勞任怨。事業上功成名就的人一個共同點便是在工作上投入的時間及精力，遠遠要比工作本身所要求的多。

第四是要堅持不懈，想真正地做成一件事情，需要具有鍥而不捨的精神。確定了目標就一定堅持不懈地做下去。成功的人共同的心得便是「堅持」！羅馬不是一天建成的，需要你一天天用心地去做，總有一天，量變會發生質變。

第五是遇到挫折別灰心喪氣，這是一種灑脫的態度。現代版「愚公移山」故事：愚公實在太笨，非要累死累活地把那座大山移走，直接搬到山那邊去住更容易、更省事。這說法形象地告訴了我們，若遇上眼下實在克服不了的困難或者挫折，就轉換努力的方向，窮則思變、變則通，你承受的迂迴曲折正是你的歷練，形成你的財富，是把你帶往成功的資本。

最後，不要懼怕競爭，當今社會，競爭對手處處存在。對待競爭對手，要採取和風細雨的態度，你寬容大度的表現會使人為你的形象加分，以信樹威，贏得尊重和支持。沒有溝通，世界將成為一片荒涼的沙漠。置身經濟大潮中的每個人，每天都不可避免地與他人交往，交往既能給人帶來幸福和歡樂，也常常會設置障礙和難題。正如一位著名的心理學家所言：一個人成功的因素85％來自社交和處世。因此要做一個左右逢源的人，首先必須學會更好地開發和管理自己的人際關係。

其實，在職場上取得成功對任何人來說都不容易，因為這是一個充滿競爭的世界。如果能夠成功地締結一張事業雷達網，立足之境就會大為改觀。

我有一位朋友，做了幾年職業經理，自恃懷有一片真心三分才華十分勤奮，所到之處亦未留下不良口碑，便覺得憑此資源就能馳騁商海，打造屬於自己的金領王國。不料事與願違，五年之中兩次遞交辭呈，雖老闆百般挽留，無奈理想已滅，於是學著關雲長，留下戰袍和封印，義無反顧地離開了原打算長期服務的公司。事後自己百思不得其解，偶爾閉門思過（多半也是思別人的過），最後只得以「千里馬常有而伯樂不常有」這句古訓來告慰那顆懷才不遇的心。

為何會這樣？這個問題困擾了我好長時間，直到讀到古人的名言：「不謀全局者，不足與謀一城，不謀萬世者，不足與謀一時」才有所悟。仔細留意一下身邊或近日報章上公布的一些高級經理離職的消息，我們便會發現許多個案皆是由於和上司理念不甚契合、溝通不夠充分、配合不夠默契而突然離職的。從這裡完全可以看出，要想左右逢源，僅有能力還是不行的，缺乏和諧的人脈溝通，根本不可能做到左右逢源。

能力靠機遇人脈來機遇

曾讀過一本西班牙知名的經濟學家、管理學教授的書，書中講述了一個如何在生活和工作中把握機遇，獲取成功的故事。故事看似簡單卻撼人心靈。一對失散多年的好友，在一個偶然的機會下再次相遇。從小家境貧困，無法繼續升學的馬克斯，如今已是一位傑出的企業家；繼承了大筆遺產的吉姆，卻過著窮困潦倒的生活。馬克斯成功的祕密，就隱藏在他祖父告訴他的「尋找神奇運草」的故事中……藉由這個故事中的小故事，讀者可以很清楚地了解，為何幸福只降臨在某些人的身上，以及如何保持幸福的祕訣，那就是 —— 機遇不會自己找上門，必須自己創造環境，才能創造機遇。

尼基‧勞達（Niki Lauda）大師曾問弟子：「你有夢，何日付諸現實？」

弟子答：「等待機遇到來時。」

大師說：「機遇不會不請自來，處處皆是機遇。」

人生既然遍布機遇，而機遇又不會不請自來，那麼，要怎樣才能創造機遇，讓機遇來敲自己的門呢？

除了要多學習，要勤奮努力練就經得起考驗的本事之外，最重要的還有三點要注意：

一是主動。我同事曾講過這樣一件事：小劉和大張是一對好朋友，在同一家藥局上班。由於他們的工作表現優異，每月的績效考核都能輕鬆地躋身門市前三名，因此受到店長的器重。不久前，兩人的組長忽然離職，店長考慮從小劉和大張之間挑選一人擔任組長。但鑑於他們均有不俗的工作表現，於是店長準備暗中對他們進行一次考核，便故意走漏風聲，出說要從兩人這間選拔組長。聽到消息後，兩人都很興奮，次日小劉就將精心製作的自我推薦信遞交上去，而大張則按兵不動，以為自己的業績優於小劉，入選組長是水到渠成的事，再加上他不願意明顯地和好朋友競爭，於是坐等店長的決定。

兩天後，店長選擇了小劉擔任組長，當大張知道這樣的結果，雖詫異卻無可奈何。

這件事告訴我們，要想讓機遇來敲門，必須主動爭取，正因為大張不懂得主動爭取，使他與晉升的機遇失之交臂。機遇就是偶然降臨的機會，它有三大特徵：一是稍縱即逝，只有目光敏銳，勇敢果斷、行動迅速的人才能抓住它；二是平等公開，能否抓住它，主動權在每個人手裡；三是不可重複，機遇往往失不再來。也許有許多店員都這樣想，只要自己表現優

秀，遲早會有機會降臨，從理論上講，不能說不對，但不可忽視的是，機遇不像那隻魯莽的兔子，守株待兔的人也許會等來結果，但等到的只會是主動出擊的人剩下的東西。況且，藥店裡優秀的人不只有你一人吧！就算你具備鶴立雞群的資質，也可能還有另外一隻「鶴」要與你平分秋色。所以，一旦看見了機遇這隻兔子，並有能力抓住牠時，請迅速付諸行動吧！

很多人都知道，當亞歷山大·貝爾（Alexander Graham Bell）在研製電話時，一個叫安東尼奧·穆齊（Antonio Meucci）的人也在研究它，兩人幾乎在同時取得了突破。但貝爾在專利權取得略勝一籌 —— 他比穆齊早了 2 個小時申請專利，貝爾就因為這 120 分鐘而一舉成名，成為永留史冊的電話之父，而穆齊卻不被人所知。這就是殘酷的賽場法則：差距哪怕只是一秒，結果就會截然不同。

另外，面對機遇，你也不能太謙讓。因為這是一個充滿競爭的時代，到處充斥著優勝劣汰的叢林法則，如果你礙於面子而放棄了競爭，無異於放棄了自己前程。職場中可以有友誼，然而機遇來臨時，如果你退縮，終究難逃失敗的厄運。

第三，面對機遇，你更不能發牢騷，唱埋怨歌。曾讀過這樣一篇雜文，說有一個年輕人壯志凌雲，但總是怨天尤人。他對上帝抱怨說：上帝，你真不公平！那個著名的蘋果為什麼不掉到我的頭上？那顆價值連城的海洋之星鑽石為什麼不遺失在我家門口？為什麼拿破崙會碰上約瑟芬？上帝聽到後說：好吧！那我成全你。我先照樣掉下一個蘋果給你，結果你把它吃了；我又把鑽石放在你的腳前，結果你被絆倒，起來後你憤怒地將它一腳踢進了水溝；最後我決定就讓你做拿破崙吧！不過也要像對待他一樣，先把你抓進監獄，撤掉將軍的軍職，趕出部隊，然後再把身無分文的你扔到塞納河邊，就在我催促約瑟芬上路的時候，聽到撲通一聲，你投河

自盡了。

機遇就是這樣，它絕對不會去敲一個整天埋怨而不肯行動的人的門。

要天時地利更要人和

《孟子·公孫丑下》：「天時不如地利，地利不如人和。」它至少有這麼三層意思，其一是說，我們無論做什麼事，「天」、「地」、「人」是我們必須認真考慮的三個因素；其二，對於「天」，我們要講「天時」，對於「地」，我們要重視的是「地利」，對於「人」，重要的是「人和」。在「天時」、「地利」、「人和」中，天時不如地利，地利不如人和，人的因素是最重要的。我們要想做成什麼事，是要考慮天、地、人這三個因素，如果你不考慮這些因素，也許當下你能成功，但也就此埋下了禍根，特定時候就要遭殃了。

由此看來，天時、地利、人和是我們每個人都應該永遠追求的一個目標。

首先，「天時」不可違。有句古話，叫做「謀事在人，成事在天」，這個「天」，就是時勢，就是人們根據時勢所做出的可以做某事或不可以做某事的時機。「天時」，並不是僅指有利的時機，也包括不利的時機。有利的時機是我們成事的必要條件，沒有這個條件就不行。唐末梁晉之爭，剛開始梁軍占盡優勢，幾次包圍太原，都因為大疫，士卒損失過半而罷兵，最後輸給了晉軍。天時，可為我們所運用，正所謂順天而行道。歷史上，諸葛亮是利用「天時」的行家，其中「草船借箭」和「借東風」最具代表性。

馬克·韋恩斯坦（Mark Weinstein）曾說過：「我在交易中虧錢不多，因為我善於等待真正時機。大多數人不善於等待時機，他們在天還漆黑的

時候便匆匆進入森林，而我卻會等待至天亮。雖然獵豹是世界上跑得最快的動物，能夠捕捉草原上的任何動物，但是牠會等到完全有把握時才會捕捉獵物，牠可以在樹叢中等待一週，就是等那正確的一刻，而且牠等待捕捉的並不是任何一隻小羚羊，而是一隻有病的或破腳的小羚羊，只有當萬無一失的時候，牠才會去捕捉。對我來說，這就是真正專業的交易方式的縮影。」

馬克‧韋恩斯坦的話說出了商業中的一個「祕訣」，其實人生又何嘗不是如此？做任何事都離不開一個最佳時機，一旦喪失這個時機，成功往往就遙遙無期了。這難道不是我們所說的「天時」嗎？

其次，「地利」必須遵。古人把「地」看成是「萬物之本原，諸生之根菀」，推諉而廣之，就是我們賴以生存和展示我們自己的舞臺。一個人在特定的時期，只能在一個舞臺上進行演出。演出什麼，怎麼演出，勢必會受到這個舞臺的制約。如果我們演的是小品，舞臺並不需要太大，設施也不需要很完備，但是如果要演出的是交響樂，那就需要一個大舞臺，需要一個樂池，在一個小學教室想演出一幕大型交響樂，這種可能幾乎是不存在的，既便強而為之，也是不會演出什麼效果的。

「天時」和「地利」都是客觀的存在，天時更多的是指是就時間而言，而「地利」更多的則是就空間而言。誰都生活在特定的時間和空間裡，活在其中，就必然要受到它的制約。它們有時像一堵牆，有時像一道檻，你如果無視它的存在，試圖強行穿越，摔得頭破血流在所難免。記得報刊上刊登過一幅漫畫，畫面很簡單：一道門，一個彎著腰的人向門走來。畫面上附了一句話 —— 有的時候想要穿越門，需要彎下自己那尊貴的腰。話很簡單，道理卻發人深省，既是活值得借鏡生活邏輯與哲學。

是否得了「天時」，擁了「地利」，我們就可以為所欲為了，誰這樣

想的同時，也應該檢討一下自己的智商了。「天時不如地利，地利不如人和」。對於成事來說，其重要性順序座次是人和、地利、天時，「人和」是有首位度的。問題在於，什麼是人和，如何做到人和。

應該說，人和是一種狀態，是人與人之間和諧關係的外在表現。人和就能帶來好人脈。就「人和」來說，重要的有三：上和主管，下和團隊，中和同事，上中下都和諧了，才會貫通。上有主管提攜，中有同事認可，下有團隊托舉，想不成事都不能。

因此，做人做事成功之祕訣就在於人脈好，人和好做事，易成事，如果再假以經得起考驗的能力，更是如虎添翼，大有作為了。

你還「懷才不遇」嗎

由於工作關係，經常使用網路，也算是半隻網蟲了。在網路上逛久了，我常常遇到一種稱之為「懷才不遇」的人。他們的言談中，總是無時不刻地透露著天生的優越感，覺得自己無所不能，無所不會，有「安家治國平天下」的能力，可以不費吹灰之力來指點江山，但就是生不逢時，沒有遇上「伯樂」，或者時運不濟，沒有遇到「識人才、重人才」的人，於是，我們聽到更多的是怨恨、憤憤不平與對現實的不滿。

對這種「懷才不遇」的人，我有兩個小故事獻給他們：

曾經有一個年輕人，自我感覺良好，但在生活上遇到很多波折，於是便覺得活著沒有意思。有一天他決定跳海，但他剛跳下去就被一個老漁民用漁網撈了起來。他很生氣，對著老漁民吼道：「你把我撈起來做什麼？」

老漁民說道：「年輕人，為什麼跳海呀？你這麼年輕多可惜呀！」

於是年輕人就對老人訴說了他懷才不遇的苦衷。

老漁民聽完，說道：「哎呀！你今天遇到我，運氣來了。我正好是治懷才不遇的專家，我幫你治療吧！」年輕人很詫異，急忙問老漁民醫治之法。

老漁民說：「我有祕訣，如果你想知道，就必須答應我一個條件。」老漁民說著，順手從沙灘上撿起一粒沙子，往旁邊一扔，說：「年輕人，幫我去把我剛才扔掉的那粒沙子撿過來，然後我就告訴你。」

年輕人聽了很生氣，說道：「你想耍我呀？這麼多沙子，我怎麼知道哪粒是你扔掉的呀？」

老人聽了，笑著說：「別生氣，我還有個條件，如果你滿足了條件，我也可以告訴你。我這裡有一顆珍珠，我把它扔到沙灘上，你去幫我找回來。」

可想而知，年輕人輕而易舉地把珍珠撿了過來，交給了老漁民，並很誠懇地說：「老人家，我把珍珠撿過來了，可以告訴我祕訣了吧？」

老漁民一臉安詳，說道：「年輕人，祕訣我已經講完了。」

這個故事告訴我們：有些人之所以有懷才不遇的感覺，是因為自己是無數沙子中的一粒，跟旁邊的沙子沒有太大的區別；但如果因為自己是一顆珍珠，那麼伯樂就會能輕易地發現我們。所以說這個世界上不是沒有伯樂，而是因為自己不是一匹真正的在萬馬叢中能夠讓別人一眼就能辨認出來的千里馬。

還有一個年輕人，也時常對自己的貧窮發牢騷。有一天，他終於鼓足勇氣敲了一位富翁家的門，希望那位靠白手起家的富翁能夠告訴他一些關於致富的祕訣。

「沒有懷才不遇，只有尋找機遇。你一定想知道我是如何白手起家的吧？」一進門，富翁首先問道。

「您是怎麼知道的？」年輕人暗暗地對富翁的判斷表示驚訝。

「因為在你之前，已經有很多位自以為一無所有的人來找過我。來時他們確實貧困潦倒而且牢騷滿腹，但離開時儼然都成了富翁。你也具有如此豐厚的財富，為什麼還抱怨不止呢？」

「它到底在哪裡呀？」年輕人急切地問。

「你的一雙眼睛。只要你給我一隻眼睛。我可以用一袋黃金作為補償。」

「不，我不能失去眼睛！」年輕人大聲回答道。

「好，那麼讓我要你的一雙手吧！這樣我就可以把你想得到的東西都給你。」

「不，雙手也不能失去！」年輕人尖叫道。

「既然有一雙眼睛，你就可以學習；既然有一雙手，你就可以工作。現在你看到了吧！你有多麼豐厚的財富啊！這就是我所謂的致富祕訣。」富翁微笑著說。

年輕人聽了，如夢初醒。他向富翁道謝，昂首闊步地走了出去，儼然也成了一位富翁，因為他知道自己已經擁有致富的本錢。

抱怨懷才不遇的人永遠落在他人之後現實生活中，有許多人都像這位年輕人一樣，不是抱怨命運不公，就是抱怨無人識用，「懷才不遇」成了他們安於貧困的避風港。

心理學家作過一個實驗：將一隻飢餓的鱷魚和一些小魚放在水族箱的兩端，中間用透明的玻璃板擋開。剛開始，鱷魚毫不猶豫地向小魚發動攻擊，失敗了，卻毫不氣餒；接著，牠又向小魚發動第二次更猛烈地攻擊，牠又失敗了，並且受了重傷；牠還繼續攻擊，第三次，第四次……多次攻擊無果後，牠不再攻擊了。這個時候，心理學家將擋板拿開 —— 等等，

請問：鱷魚還會攻擊那些小魚嗎？牠不再攻擊小魚了。牠徒然無望地看著那些小魚在他眼前悠閒地游來游去，放棄了一切努力。

遺憾的是：像這條鱷魚一樣，很多人在多次的挫折、打擊和失敗之後，就逐漸失去了戰鬥力。熱情死了，夢想死了，剩下的只有黯淡的眼神和悲傷的嘆息，他們開始感到無奈、無助、無力。為了掩飾失敗帶來的恥辱和不安，他們努力為自己尋找各式各樣的藉口：這個社會太不公平；我沒有學歷；我長得不漂亮；我沒有關係；我討厭逢迎拍馬；我太善良，我憎恨爾虞我詐；如果給我機遇，我也會發財；知足常樂；「從從容容平平淡淡才是真」……結果是：他們依然貧窮，依然懷才不遇！

「懷才不遇」是人們送給失敗者的最大安慰，也是最大欺騙，是人們最應該避免的成功陷阱之一。如果你還認為自己「懷才不遇」，那麼我問你幾個問題：

1. 既然有通天之能，有曠世之才，但為何連最起碼的自我推銷的能力都沒有呢？這樣的人能稱之為「才」嗎？眾所周知，在現代職場競爭中，無論你是從事什麼行業，溝通和推銷能力都占有舉足輕重的作用。沒有任何一個人到一個新的公司去就是一個很高的平臺的，他總是要從最基層做起，開始的這段時間大部分是交了學費，先融入這個公司，然後憑自己的能力一步步得到晉升、重用。真正的人才不是靠口頭上說的，而是需要市場認可和實際工作檢驗的。你首先得讓別人知道你是「人才」，這些靠什麼？溝通與自我推銷再加上工作能力。當然，我這裡說的過於理想化，但是如果一個人連最起碼的自我推銷和溝通的能力都沒有，是很難在職場立足的。

2. 有很多人經常抱怨沒有機會，或者是老是得不到重用？換個角度吧！當機會來臨時，你把握住了嗎？若然現在沒有機會，你又有沒有想過

去創造機會，讓自己一展抱負呢？無休止的抱怨是沒有用的，還是做些準備和創造一些機會為好。

3. 有「懷才不遇」的人總說我的公司很爛，真的很爛，但是我又怕離開這裡找不到飯碗了。很可笑的邏輯，既然是自認為「人才」，為何連最起碼的自信心都沒有呢？要知道，自信心也是一種競爭力啊！既然認清楚公司的現實情況根本不容你發揮，那為何不用腳投票，主動去尋找一個適宜你發揮的機會呢！現代社會缺少的是真正能征善戰的人才，並不是缺少機會。

回答這三個問題後，你還「懷才不遇」嗎？

切莫做南郭先生

戰國時，齊宣王很喜歡聽人吹一種叫「竽」的樂器，而且還特別喜歡聽「合奏」。為此，他養了一支 300 人的吹竽大型樂隊。而在這些人當中，有一個叫「南郭先生」的人，他並不會吹竽，但卻每天裝模作樣的，好像很會吹似的，就這樣一天天地混日子。

後來，齊宣王死了，他兒子接位做了新國君。有意思的是，小齊王他也喜歡聽吹竽，只是他與老齊王不同，他不喜歡聽「合」奏，而是喜歡聽「獨」奏。於是，他下令要 300 個樂師一個一個來吹給他聽。南郭先生聽聞，一陣慌亂，認為再也混不下去了，於是便趁人不備悄悄溜走了。

這是古代文學家韓非子筆下的一個故事。它告訴我們，一個人要立身處世，必須要有真才實學，要有點「真本事」。混日子的思想，是萬萬要不得的。因為你靠「欺騙手段」行事，可以騙得人一時，卻不能騙人一世。特別是像南郭先生這樣的人，靠某個人的愛好以及制度上的不完善，

才得以矇混過關，就更加危險。因為只要有其中發生變化，就必然會露出「馬腳」來。因此，不學無術的人，悲慘的命運就是必然的。而要想從根本上解決問題，那就要從思想上徹底摒棄「混日子」的思想，從頭開始，從自身做起，腳踏實地地學些真本事，長些真能力。

老一輩人教導我們，基礎最重要，這基礎就是一個人的本事、能力。就拿那個被舉爛了的例子來說，一棟樓房最重要的不是裝修和設計，而是地基，如果地基打得不牢，靠偷工減料的工程遲早是要垮了，是垮成七零八落還是整棟樓完整的塌下來都一樣，不過是垮掉的方式不同罷了，垮掉的結果就是一樣的，什麼裝修和設計也白費。

人啊！就和鑽石一樣，多一門手藝，就多一個切面。當一個人只有一個切面的時候，鑽石看起來和玻璃無異；而當切面多起來，到了八心八箭的狀態，那才是鑽石應該有的閃耀光輝。你看不出對於鑽石來說一個切面到底有多重要，但是在它的光輝裡，你體會得到每一個切面的重要。

當然了，多少個切面的問題不過是在鑽石的前提下提出的，真本事說的都是那些真鑽，對於水鑽來說多少個切面也劃不破玻璃。

概言之，做人要有真本事，成功更要有超強的能力，切莫做南郭先生，胸懷真本事，才是真理。人類在進步，社會在發展，但願在我們的生活中，南郭先生能越來越少，濫竽充數的故事不會再有「新版」。

能力與人脈都是王牌

現在很多地方流行一句這樣的話：能力是銀牌，人脈是金牌。我們先不論這句話有沒有道理，道理有多深，先就其「銀牌」和「金牌」這個比喻來看，我認為有失偏頗，似乎人脈和能力要高一級，不可同日而語。

第一章　成功的雙翅：能力與人脈

其實，準確地說，能力和人脈都是人生的王牌，這兩張王牌不能誰輕誰重，更不可或缺。

可以這樣說，有能力而無人脈的人，也就混一口飯吃，成功之路很可能會層巒疊嶂，荊棘叢生；而有人脈無能力之人，要麼騙得一時寄人籬下，要麼連一口飯都混不上，最終含羞人前。何況，人脈是對有能力的人而言的，雞蛋可以孵出小雞，石頭是孵不出小雞的。

漢楚爭霸這段歷史大家都知道，最後的結局大家也清楚：四面楚歌，漢高稱帝。說起這段歷史，當然不得不提下面這三個人：項羽，韓信，劉邦。有人評價說：貴族項羽，市井韓信，無賴劉邦。這個評價準不準確，姑且不說，我們來看到了三個人最後的命運：

項羽亡，韓信死，劉邦勝。

項羽這個人，當然有能力，但性格高傲，人脈極差！後期身邊唯一一個大智之人范增也被棄用！於是，最後空留下一個英雄蓋世的名號！

韓信，也是一個有能力之人，性格也不錯，人脈也不錯！雖然身為開國元勛，功高蓋主，但是最後被一女人所殺，到最後才明白「飛鳥盡，良弓藏；狡兔死，走狗亡」的道理。

劉邦呢，軍事不及韓信，謀略不及張良，陳平，治國不及蕭何！他的能力確實有限，但不是沒有能力。由於他懂得籠絡人心，得到了一批有能力的人來輔佐自己，性格極痞，陰險毒辣，為了目的不擇手段！可以說人脈極強！人脈和能力成了他成功的雙翅。

這三人的命運頗值得我們深思：在於今這個競爭越來越激烈的時代，一個人要想成功，一定不能只有能力而無人脈，也不能空有人脈而無真本事，只有苦練本領並累積人脈，才能真正地走向成功。

當然我們必須明白，人脈和能力如果沒有得到合適的利用和發揮，那

也只是一張白紙。沒有被及時利用的資源過期就會作廢，而沒有發揮出較高價值的能力又有何用呢？

擁有自己的事業，想成為眾人敬仰的成功人士，相信是每個人夢寐以求的。18 歲的時候，我們曾想擁有一個屬於自己的部落格；28 歲的時候，我們曾想擁有一間屬於自己的店鋪；38 歲的時候，我們曾想擁有一個屬於自己的企業……在不同階段根據自己的閱歷我們擁有著很多不同的夢想。可是，在機會面前，我們絕大多數人選擇了等待與憂慮，18 歲的時候我們跟自己說我沒有那麼多時間，28 歲的時候我們跟自己說我能力還不夠，38 歲的時候我們跟自己說人脈還太少。因為你還沒行動，所以你依舊是以前的那個你。

我覺得，假如你沒行動，人脈對你來說只是資源，能力對你來說只是本錢，兩者都是潛在的東西，在沒發揮它的作用之前，對你來講價值並不大。

有一些人他交際很廣，人脈可謂豐富，他也很有才，可是卻依然默默無聞，為什麼？因為他不會利用自己擁有的能力和人脈，也不知道怎麼利用，所以整天嘆息自己運氣不好或者懷才不遇，殊不知，他離成功已經很近很近。

古今中外的成功人士，他們都有三個共性，一個是他有廣泛的人際關係，在需要有人幫忙的時候，他可以馬上找到適合的人。另一個就是他非常有能力，具有很多方面的才能。第三個就是他們很敢去做，善於利用自己的人脈和能力，具有操控他人及控制自我的本事。

很多年輕人會擔心，「我人微言輕，又無經驗，人脈不就是互相幫忙嗎，我幫不上別人的忙，人家憑什麼要來和我打交道呢？」其實這是一種誤解，因為在一定的時候，人脈也是能力的一部分，人脈可以延伸你的能力。

查爾斯‧華特爾（Charles Walter），就職於紐約市一家大銀行，奉命寫一篇有關某公司的機密報告。他知道某人擁有他非常需要的資料。於是，華特爾先生去見那個人，他是一家大工業公司的董事長。當華特爾先生被迎進董事長的辦公室時，一個年輕的婦人從門邊探頭出來，告訴董事長，她今天沒有什麼郵票可給他。

「我在為我那 12 歲的兒子蒐集郵票。」董事長對華特爾解釋。

華特爾先生說明他的來意，開始提出問題。董事長的說法很含糊、模棱兩可。無論華特爾怎樣試探都沒有效果。這次見面的時間很短，也沒有實際效果。

「坦白說，我當時不知道怎麼辦。」華特爾先生說。「接著，我想起祕書對他說的話 —— 郵票，12 歲的兒子……我也想起我們銀行的國外部門蒐集郵票的事 —— 從來自世界各地的信件上取下來的郵票。」

「第二天早上，我再去找他，傳話進去，說我有一些郵票要送給他的孩子。我是否很熱情地被請進去了呢？是的。他滿臉帶著笑意，非常的客氣。『我的喬治會喜歡這些郵票的，』他不停地說，一面撫弄著那些郵票。『看這張！這是一張無價之寶。』」

「我們花了一個小時談論郵票，看他兒子的照片，然後他又花了一個多小時，把我所想要知道的資料全部說明 —— 我甚至都沒提議他那麼做，他把所知道的，全都告訴了我，然後叫他的下屬進來，問他們一些問題。他還打電話給一些同行，把一些事實、數字、報告和信件，全部告訴我。」我大有斬獲。

事情就是這樣，當你無法與關鍵人物搭上關係時，事情往往很難取得進展，一旦你與關鍵人物建立連繫，事情就好辦多了。

用很短的時間，查爾斯‧華特爾就巧妙而成功地打造了一條關係鏈，

同時也完美的解決了他的問題，可見人脈在某些時候完全可以延伸其關鍵作用。

能力再強也不可逆勢而為

不學無術、投機鑽營的人固然成不了大氣候，但是不看時勢、不識進退，一味逞能的人，即便身負經邦治國之能，也一樣難有作為。

眾所周知，修建渠道引水要利用水由高向低的趨勢，使水從渠道源源不斷地流進農田。所以，只有正確地分析地形，恰當地利用趨勢，才能讓引水灌溉變得豐足而又便捷。

古人早就懂得凡事要順勢而為。西漢時的穎川人晁錯，景帝當太子時，他任太子家令，深受寵信，號「智囊」。景帝登上王位後，晁錯當了御史大夫。最初，文帝時吳王佯稱他有病不能上朝，晁錯數次進諫吳王的過錯，認為該殺，文帝心中不忍。等到景帝即位，晁錯說：「吳王招誘天下逃亡的人陰謀叛亂，現在削弱他的勢力，他便會造反，不削弱他的勢力，他也會造反。削弱勢力會導致立即叛亂，但危害很小；不削弱勢力，雖能延緩叛亂的發生，卻會一發而不可收拾。」又說：「楚王和趙王有罪，應該削去一個郡；膠西有陰謀，應該削去六個縣。」果然，削弱他們的勢力時，這七個國家一起造反。晁錯平常和袁盎不和，正值皇上召見他們，皇上向袁盎詢問：「處理造反有什麼辦法嗎？」袁盎回答說：「請您讓左右退下。」皇上讓手下退出，只有晁錯在。袁盎又說：「我所說的話，當臣子的是不能知道的。」皇上又讓晁錯退了出去。袁盎說：「吳國和楚國相繼來信說，賊人晁錯擅自支配諸侯，削弱他們的土地，因為這個他們才造反。只有殺了晁錯，恢復諸侯過去的土地，才能兵不血刃消除這場叛亂。」於是，景帝在東市把晁錯給斬了。晁錯雖然有一定的才能，但是他

死就死在了自己愛逞能上。

歷史上以能而不逞而聞名的，有一個「蕭規曹隨」的故事。「蕭規曹隨」，指漢初丞相蕭何定下的政策法規，繼任的曹參因循不變，保持了漢初政策的連續性和國家的安定。

蕭何被劉邦拜為丞相後，安邦定國，安撫天下，為新興的漢朝制定了一系列政策。蕭何實行的是對內寬鬆、與民休息、恢復國力的方針。

曹參繼蕭何為相後，繼續奉行蕭何制定和推行的與民休息的政策，實行「無為而治」。所謂「無為」，實際上就是守成，就是不創設新的設置與舉措。史載曹參「舉事無變更，一遵蕭何約束」。他刻意任用那些不善言辭的忠厚長者；他日日飲酒，不聽政事，大臣與屬吏想來稟報事情的，他一定要把對方灌醉，讓對方無法開口。與曹參居所僅一牆之隔的丞相屬吏們也日夜飲酒，醉歌歡呼，曹參聽到後，不但不禁止，反而命令從吏也張席坐次，高聲吆喝，與毗鄰的呼聲相應。看到他人有過錯，即為其掩蓋，不加深究。他一切以蕭何時代的政策為準，因而丞相府清靜無事。惠帝對曹參的做法很感奇怪，便讓曹參的兒子、中大夫曹窋回去問曹參，為什麼不以天下事為憂？曹窋一問，不想被曹參怒答二百，並訓斥：「趣入侍，天下事非若所當言也。」惠帝忍不住親自詢問曹參，曹參問惠帝：「陛下自察聖武孰與高帝？」惠帝說：「朕乃安敢望帝乎？」又問：「陛下觀臣能孰與蕭何賢？」答曰：「君似不及也。」曹參於是說：「高皇帝與蕭何定下，法令既明，令陛下垂拱，參等守職，遵而勿失，不亦可乎？」惠帝被他說服，連聲說：「善，君休矣！」

曹參為相，不欲創新，一味守成，以特有的方式保持蕭何以來政策的連續性，既穩定了漢初的政局，又為日後西漢的繁榮提供了最重要的條件，其功績是不可磨滅的。「蕭規曹隨」，是宰相為政的一種方式，也是

為官執政者表現個人能力的一種方式。

　　事實證明，曹參以「無所作為」的方式，卻取得了「有所作為」的實際效果。恐怕沒有人會說曹參是一個無能的相國，因為所採取的政治舉措完全符合當時天下初定、人心思穩的社會背景。相反，他以另一種方式展現了治理天下的才能。而像晁錯這樣的人，能力太小，智謀不足，卻看清形勢，自以為憑自己的策略可以安邦定國、國富民強，沒想到局勢反而越來越糟，最終還賠上了性命。這就是逞能的局面。而曹參有能而不逞能，卻得到了良好的名聲，使國家政局穩定，國泰民安。

　　從這個故事裡我們可以悟出：自身有才能，但要估量自己能成什麼氣候，能辦多大的事情，量力而行，要對自身才能有正確的認知，不能為了逞能而去做自己沒有把握、掌控不了的事。也就是說，你能力再強，也不可逆勢而為。

第二章
改善你能力上的弱點

同樣的事，有些人不費吹灰之力，有些人卻費盡心思。當一個人的能力優勢與工作所需的能力相符時，他就能做得很自如；相反，勢必耗費更多心力。這就關係到一個人能力上的弱點，如果一直沒有改善弱點，很可能事情還沒完成，就累得精疲力竭了。

　　每個企業、每個人都有其「弱點」，這是對手攻擊的主要目標，也是這個企業或人的「死穴」。你的目標是什麼？為了達成你的目標，你覺得自己還需要加強哪些方面的能力？為自己列一個清單，並努力改善自己在能力上的弱點。

你的弱點在哪裡

　　大到國家或企業，小到家庭或個人，都有自己的「弱點」。一個國家的元首或企業的主管，一個家庭的主人或個人，如果不找出自己的弱點，進而改善，那麼，國家或企業就無法增進自己的綜合實力，家庭也不可能得到平衡發展，個人的素養又怎麼能提升？

　　從另一個角度來說，你的弱點就是你的「虛」處，人們都知道要避實而就虛，為什麼你就不知道要加固自己的「虛」處呢？《孫子兵法》裡有言：「夫兵形像水，水之形避高而趨下，兵之形避實而擊虛。」無論是學習或做事，就像打仗一樣，你的虛處（「弱點」）一定是對方要攻擊的目標。要提升學習成績，必須從較弱的科目開始；提升你的整體程度。只有均衡發展，才能把你的實力打造得堅不可摧。

　　那麼，你的弱點在哪裡？怎樣才能找到你的弱點？

　　企業如此，個人也一樣，必須找到自己的弱點，比如說，如果你缺乏自信，就要努力培養自信心；如果你不夠吃苦耐勞，就要勤於磨礪自己的意志；如果你不善表達，就要多與人接觸，勇於溝通……總之，只要你找

到了自己的弱點，認清自己，就不會做錯事，或四處碰壁，或懷才不遇怨天尤人，反之，你要適時改善你的弱點，努力精進自己，展現自己的綜合實力，進而走向成功。

命運與你的弱點相關

一根鏈條，最脆弱的一環決定其強度，一個人，能力最差的一面會影響其前程。

是的，人生的弱點常令我們盲目，使我們很容易做出許多無理、荒唐和毀壞的事情，令我們沒有節制，無法分出好壞，也令我們無法超越當下的狀況，使生命昇華到更高的境界。這些人生的弱點，有時就像人性中的醜陋和缺陷，就像病毒一樣傷害著我們的生命。因此才有人說，命運確實與你的弱點相關。

美國總統富蘭克林就是一個有著致命弱點的人。他小時候是一個膽小、脆弱的學生，在課堂上總是心慌意亂、膽小如鼠，有時候他甚至連正常呼吸都好像喘氣一樣。一旦在課堂上進行朗誦，立刻雙腿發抖，嘴唇也顫抖不已；回答問題時候更是含含糊糊，吞吞吐吐，前言不搭後語。

然而，他沒有因為同學對他的嘲笑而自卑。沒有一個人能比羅斯福更了解自己，他清楚自己身體上的種種弱點。他勇敢地用行動來克服先天的致命弱點，甚至凡是能克服的缺點他都克服！

後來，他竟然能夠當眾演講。雖然演講內容沒有什麼驚人之處，也沒有洪亮的聲音或是威重的姿態，也不像有些人那樣具有驚人的辭令，然而在當時，他確實是重要的演說家之一。

命運與你的弱點相關，這不僅在反映在名人身上，在普通人身上同樣如此。下面這個故事值得我們反思：

瓊斯留學美國，獲得了物理學博士學位，眼睛深度近視，有嚴重的鼻炎，性格內向，給人的第一印象不佳。他的英文相當好，但是當眾演說能力差。公司僱用他，是因為他數學很好，可以幫銀行規劃信用風險模型。

銀行在兩輪面試後就給了他正式的職務。雖然當時有面試官對於其交流能力略有顧慮，但是他有一流的建模能力，屬於當時銀行亟需的人才。

任職後，瓊斯的建模能力果然沒有讓公司失望。可是，糟糕的溝通能力卻使他無法往上晉升，而是原地踏步不前。

在一次專案執行的過程中，操勞過度的瓊斯病倒了，公司關鍵的一次報告，他也沒法參加。後來的成果報告，瓊斯本來可彌補上次的缺席，可是這次的陳述，使幾個大老闆很失望，他說話吞吞吐吐，簡單的事情，被他表達得混亂不堪。老闆們聽不懂運作方案好在哪裡，統計結果又如何解釋。最後，還是一個同事幫他解圍，用簡明扼要的語言解釋了一遍方案的核心內容。

幾年過去了，瓊斯一直沒有獲得晉升，一些年輕人反倒成了他的上司。他逐漸失去了對工作的熱情，後來被迫辭職。

不過，瓊斯並沒有灰心喪志。他外出獨自旅行了一段時間。認真反思了自己幾年的工作經歷，認知到忽視了能力上的「弱點」，對於職業發展已經是一個生死攸關的問題。

旅行結束後，他做的第一件事情是為自己請了一位演說教練。經過三年不懈的努力，瓊斯的交流與演說能力有了很大提升。他的工作進入了一個新的狀態。

瓊斯在自己的致命弱點面前沒有退縮和消沉，而是充分、全面地認識自己，在意識到自我弱點的同時，能正確地評價自己，在困境之中頑強抗爭，不因缺憾而氣餒，甚至將它加以利用，變為資本，變為扶梯，從而改

變自己的命運。

　　那麼，你能看清自己的人生盲點嗎？你知道如何修正自己的弱點嗎？身為一個欲成大事者，雖然難免會犯各式各樣的錯誤，但不管這些過失或大或小，其影響都不可小覷，有時甚至關乎命運以及生死。

　　勵志書上都這麼說：身為一個人，無論扔到哪裡，都應該是一顆釘子！但在現實生活中，許多人或多或少存在著自卑感，就如同每一個人都有著某方面的優越感一樣。自卑這項弱點並不可怕，可怕的是沉浸在自卑中而喪失追求成功的勇氣。這樣，自卑就成了牢籠，限制著人最大實力的發揮。

　　從前有個人相貌極醜，路上行人常常會轉頭對他多看一眼。他從不修飾，到死都不在乎衣著。窄窄的黑褲子，傘套似的上衣，總是戴著一頂窄邊的大禮帽，彷彿要故意襯托出他那瘦長的個子，走路姿勢也相當難看，雙手晃來晃去不知道放在哪裡才合適。

　　他直到臨終，甚至已經身任高職，舉止仍是老樣子，仍不穿外衣就去開門，不穿外套就去公共場合，總是講不得體的笑話，總是在公共場合忽然憂鬱不說話。無論在什麼地方——在法院、講壇、國會，甚至於自己家裡——他處處顯得無所適從。

　　他不但出身貧賤，一生都對出身非常敏感。沒人出身比他更低，但也沒有人比他社會地位更高。

　　他後來任美國大總統，這個人就是林肯。如果一個人有這麼多的弱點而不去彌補，難道也能獲得林肯那樣的成就嗎？

　　原來，林肯並不是用每一個長處抵每一個弱點以求補償，而是憑偉大的睿智與情操，使自己凌駕於一切弱點之上，置身於更高的境界。

　　林肯一生都在用拚命自修的方式來克服早期的障礙。他也非常孤陋寡

聞，在 20 歲以前聽牧師布道，他們都說地球是扁的。他在燭光、燈光和火光前讀書，眼看著知識無涯而自己所知有限，總是感到沮喪。他填寫國會議員履歷表，在教育程度一項內填下的竟然是「有缺陷」。

林肯的一生不是沉浸在自卑中，而是對一切他所缺乏的方面進行「修補」，即改善自己的弱點，正是因為這樣，林肯才成為了林肯，改寫了他的命運。

能力上的弱點影響不僅僅是在工作，還會影響生活的各個層面，因此，我們必須對其做一個客觀的了解，並透過一定的方法改變這些弱點。

因為，能力上有弱點並不可怕，克服弱點提升能力也並不困難，只要堅持學習，不斷努力，就是改善弱點，提升能力的上上之策！

搶修並改善你的弱點

找到自己的弱點後，不能坐而視之，或無動於衷，必須採取行動，或搶修、或改善你的弱點，這樣才不至於使人生遭受挫折，事業瀕於困境。

從許多成功人士的經驗中我們能感受到，要改善自身能力的弱點，得從兩個方面下手，一是學習，二是實踐。

學習是老生常談，有經驗的老師都會告訴你怎樣學，其方法是一套又一套，一套更比一套強，一套更比一套妙。但是我在這裡要說的不是怎樣學，而是學什麼。

首先，一個人的精力是有限的，一生不過百年而已。你如果什麼都想學，必定博而不專，那是很難取得成就的。所以有一位著名的教育家說，學什麼比怎樣學要重要得多。

莊子云，吾生也有涯，而學也無涯，以有涯隨無涯。這是在一個資訊落後的時代，卻有著大智慧的聖人所言。而如今是知識爆炸的時代，對於

普通人來說，即使是播下了以博為主的良好願望，恐怕收穫到的也只能是面面俱到卻流於空泛，流於淺薄的知識。胡適先生早年清高志大，可謂涉略甚廣。而當他到美國康乃爾大學的時候，卻幡然猛醒，自嘆：生平之過在於求博而不務精。自此，痛下決心，明確目標，師從約翰‧杜威（John Dewey），專攻實用主義哲學，並由此深入，最終才成為近代史上一位著名的大思想家。由此可見，所謂博採眾長，其知識體系必須是以專為主的一個有機結合。黑格爾（Georg W. F. Hegel）天馬行空，無所不學，但他一開始是哲學家；愛因斯坦，在哲學歷史上都有造詣，卻是以他的相對論寫下新頁，他們正是以專為主，兼收並蓄，最終成長為一代參天大樹。

既然學海無涯，我們學什麼好呢？這就關係到你的弱點。你的弱點在哪方面，就要學習彌補哪方面。

反覆的實踐和總結，的確是一個彌補弱點的好方法。因為這樣不但能填補自己的「弱點」，而且在疊代的過程中，可以發現更多自己的不足之處。

有了弱點不可怕，可怕的是你不知道它的存在，也不明白它的危害。決定一個企業成敗和人才水準高低的是他的缺點和不重視的東西，這個道理很多人都明白，但是怎樣去彌補缺點，還是一門高深的學問。希望每個人都能明白「疊代」的重要性，因為「弱點」常常有，只有掌握了好的方法，你才可能無往不利。

莫讓千優毀於一劣

當今社會上經常聽到一些黑心商品的傳聞，說這也不敢吃了，那也不敢用了，生活陷入窘境。這是為什麼？一句話：品質出現了問題！

對一個企業來說，品質不僅僅是企業信譽，更是企業的生命。每一家企業、每一名員工都要對品質管理負責，嚴格為品質把關。因為企業是一個整體，採購、生產、儲運、銷售是環環相扣的，其中哪一個環節出了問題，哪一個人的工作出現了紕漏，都會對整個企業造成影響。因此每一名員工都要堅持為品質把關，為下一個人、下一個工作環節高度負責。

人人把好品質關，是企業利益和個人利益的重要保障。員工是企業的主人，應該為企業的信譽、形象負責；企業的信譽、形象反過來又直接的影響著員工的利益和成長。一旦出現品質問題，企業的信譽就會出現危機，形象受到損壞，企業和員工的利益勢必受到影響。相反，能做到「事事有人管、人人有專責、辦事有標準、考核有依據」，那麼品質問題就不可能有容身之地。企業信譽和形象就會不斷的提升，員工的利益和成長的空間也將進一步的增大。

人人把好品質關，就是要做好、精益求精。身邊的事就是我們日常的工作。做好工作無非就是要加強學習，勤於實踐，減少失誤，杜絕違章。學習新知識，不斷提升業務水準，是做好工作為好品質把關的重要手段，學習應該成為我們日常工作的重要部分。精益求精建立在做好工作的基礎之上，勤於思考緊抓細節，不放過工作過程中的任何一個環節。細節決定成敗，一些安全隱患、品質缺陷很可能就隱藏在細節裡。品質管理的優劣，在一定程度上取決於人們對細節關注的程度。

有一個關於降落傘的真實故事，頗值得我們深思：

這是一個發生在第二次世界大戰中期的美國空軍和降落傘製造商之間的真實故事。在當時，降落傘的安全度不夠完美，即使經過廠商努力的改善，使得降落傘製造商生產的降落傘的良品率已經達到了 99.9％，應該說這個良品率即使現在許多企業也很難達到。但是美國空軍卻對此公司說

No，他們要求所交降落傘的良品率必須達到 100%。於是降落傘製造商的總經理便專程前往飛行大隊商討此事，看是否能夠降低這個水準？因為廠商認為，能夠達到這個程度已接近完美了，沒有什麼必要再改。當然美國空軍一口回絕，因為品質沒有折扣。

後來，軍方要求改變了檢查品質的方法。那就是從廠商前一週交貨的降落傘中，隨機挑出一個，讓廠商負責人裝備上身後，親自從飛行中的機身跳下。這個方法實施後，不良率立刻變成零。

從這個故事裡我們可以得出四個結論：

1. 提升品質，總是有方法。

2. 許多人做事時常有「差不多」的心態，對於主管或是客戶所提出的要求，即使是合理的，也會覺得對方吹毛求疵而心生不滿，認為差不多就行，但就是很多的差不多，就產生了品質問題。

3. 或許我們應該站在消費者的角度想一想：買回的酵母做的饅頭裡吃出一根頭髮，什麼滋味！？我們也許會說：10 萬（或 10 億）袋酵母裡才有一袋裡有一根頭髮，有什麼大驚小怪的。但是對我們來說是十萬分之一，對於吃到頭髮的消費者來說，是 100%。試想，如果什麼事情只有 99.9％的成功率，那麼每年有 20,000 次配錯藥事件；每年 15,000 嬰兒出生時會被抱錯；每星期有 500 宗做錯手術事件；每小時有 2,000 封信郵寄錯誤。看了這些數據，我們肯定都希望全世界所有的人都能在工作中做到 100%。因為我們是生產者，同時我們也是消費者。更重要的是，我們因此而感到每天的忙碌工作有所意義，而不是庸庸碌碌的只想換一口飯吃。

4. 品質沒有折扣。

一個人因一件小事把一世的清名給毀了，一個企業因品質不過關把整個產品給毀了，這樣的事例不勝枚舉，且令人痛惜。

一家紡織機械生產企業一直聲名在外，口碑載道，但後來因品質問題導致聲望掃地，正是因為品質出了問題，讓千優毀於一劣。其負責人介紹說，2008 年的金融危機對紡織機械企業的影響是非常致命的，整個產業鏈的上游生產企業凡是能夠存活下來的，基本上都是透過大幅裁員及縮減生產規模的方式來度過難關的。然而，伴隨著紡織服裝行業的快速回暖，縫製設備的訂單大幅增加，對大多數縫製設備生產企業來說其產能和訂單量都存在一定的矛盾。所以，無論是做配件，還是做整套設備，幾乎所有的生產企業基本上都是在超負荷地生產。這樣就在所難免地出現了品質問題。

片面追求眼前利益最終釀成惡果，為我們敲響了警鐘。同時也告誡我們，無論是做人或做事，勿讓千優毀於一劣，以致後悔莫及。

細節決定成敗

「泰山不拒細壤，故能成其高；江海不擇細流，故能就其深。」想成就一番事業，必須要從細節入手，一味追求偉大，追求與眾不同，最終「畫虎不成反類犬」。

細節是平凡的，是不足為奇的，一句話，一個動作，一個念想……細節像沙礫一樣微不足道，很容易被忽視，但卻不可輕視它，它可能成就你一生的輝煌，也能毀掉你一世的英明。

「千里之堤，潰於蟻穴」這個古代故事，已成為當今一句防微杜漸的警世箴言，寓意任何麻痺和對細節的忽視都會帶來難以想像的後果。正如一位數學家寫出的細節公式「$100 - 1 \neq 99$」，因為 1% 的錯誤會導致 100% 的失敗。一架「波音 747」飛機，共有 450 萬個零件，如果其中一個

零件有差錯，整架飛機就是殘品。

時下一些重特大校園安全事故的發生，往往就是因為學校管理者忽視了細節。牆壁上的一道裂縫，房頂上的一根朽木，樓道處的一盞壞燈，教室裡的一根破損電線，都是有可能釀成重大事故的隱患，如果對這些細微的隱患視而不見，麻木不仁，極有可能造成嚴重後果，帶來不可挽回的損失。

「千里之堤，潰於蟻穴」的說法，以前聽過多次，只當是寓意深刻的哲理故事。一個小小的螻蟻之穴，假以時日，不但可能逐步滲透，甚至可以造成長堤決口，洪水泛濫，釀成大禍。

一般來說，「蟻穴決堤」是一個漫長的過程。正因其「漫長」，往往被人們忽視，忽略了微不足道的蟻穴和驚心動魄的決堤之間的關聯。然而，一旦百年不遇的洪水來臨，也許就是這樣一個小小的讓人不經意的蟻穴進了水，在河水的不斷沖刷下，千里長堤在瞬間就因為開始的那個可能只是細微的小洞而決堤了！這時，「蟻穴決堤」的現象，就顯得特別突出，特別典型。

這種在一般情況下由小而大，由輕而重，由量變到質變的變化，就不再只是一種可能、一個漫長的過程，而是那樣的迅速，在措手不及間就釀成災禍。「蟻穴決堤」是一個由量變到質變的過程，而現在一些人的蛻化變質，就是從不注重「小節」而始，到身陷囹圄而終，這個變化是十分深刻的。

從古至今，因「小節」失檢而斷送一個人前途的例子屢見不鮮。北齊丞相祖博學多才冠絕當時，為南北朝時的一大奇才，然據《北齊書·祖傳》記載，有盜竊癖。膠州刺史司馬雲宴客，盜銅碟兩面，廚人請搜客，於懷中得之，見者深以為恥。高歡請諸僚，於席上失金叵羅（酒器），御

史中尉寶泰請在座者去冠，又於髮結上得之。為尚藥丞時，又盜胡桃油，覺之被免官。文宣帝每見之常呼為「賊」。蘇軾曾說過：「苟非吾子所有，雖一毫而莫取。」絕大多數貪官犯罪都是從「一毫」開始的，拿了「一毫」就想拿「二毫」、「三毫」以至更多。不少違法犯罪就是經歷了一個從「拒」到「接」，然後再到「要」的過程。剛開始還能拒腐蝕永不沾，可後來看見一些人行賄受賄不但沒事，有的反而得到提拔重用，便「忍不住」了，懷著「不拿白不拿」的僥倖心理，走上賊船，最後跌入罪惡的泥潭而不可自拔。

韓非子曰：「千丈之堤，以螻蟻之穴潰；百尺之室，以突隙之煙焚。」現實生活中，有些人以「成大事者不拘小節」而自詡，別人請客送禮，明知是「糖衣砲彈」，卻認為「無傷大節」，加之人家「盛情難卻」，於是便欣然納之；有人求「走後門」，明知不對，總以為「不犯原則性錯誤」，況且「與人方便，與己方便」，於是便開「綠燈」放行。凡此種種，似乎都是「小節」問題，但不要等閒視之。須知「大節不可失，小節不可縱；繩從細處斷，貪自小處始」。從李真、慕綏新，到許運鴻、王樂毅，他們由政府高官墮落成犯罪分子，哪個不是從不拘「小節」而始，到釀成「大錯」而終？

清朝傑出思想家唐甄《潛書》中云：「一指之穴，能涸千里之河；一臠之肉，能敗十世之德。」「風始於青萍之末」，企望那些不拘「小節」的人防微杜漸，處處事事嚴格要求自己，做廉潔清正的人民公僕。

曾據報載，在新加坡飽嘗了 3 年半牢獄之苦，被提前釋放的原霸菱銀行（Barings Bank）駐新加坡期貨與期權交易部的總經理尼克‧李森（Nick Leeson），沉靜了兩個多月，在荷蘭的阿姆斯特丹出現了。這一天是 1999 年 10 月 30 日，他的出現引起了不小的轟動。在那裡他向包括上百名銀行

家、股票經紀人在內的許多聽眾，進行了長達一個多小時的「如何防止類似霸菱銀行倒閉重演」的演講，這個在牢獄中進行了深刻反思的悲劇性經驗，使他獲得了讓英國首相柴契爾夫人、美國前國務卿季辛吉等世界重量級人物深感不如的、高達 6 萬英鎊的巨額酬金。然而，讓尼克·李森尷尬的是，他無權享用這筆酬金，他必須按照法律的規定用它來償還債權人的債務。因為他在很短的時間內，搞垮了一個歷經 200 多年艱辛發展，在英國金融界名聲顯赫的霸菱銀行，6 萬英鎊與一個名聲顯赫的金融機構的倒閉相比太微不足道了。霸菱銀行垮在了一個微不足道的細節上，它給人們留下的警惕遠遠比它的倒閉更重要。

以己之長補己之短

近日閱讀了一篇伊索寓言〈狐狸和豹〉。這則寓言講的是豹向狐狸展示自己全身的花紋，以展現自己的美麗。狐狸說：「你有天生的外貌，我有最聰明的頭腦。」

這個短小的故事讓我想到了清代有個將軍叫楊時齋，他認為軍營中沒有無用之人。聾子，安排在左右當侍者，可避免洩漏重要軍事機密；啞巴，派他傳遞密信，一旦被敵人抓住除了搜去密信之外，再也問不出更多的東西；瘸子，命令他去守護炮臺，堅守陣地，他很難棄陣而逃；瞎子，聽力特別好，命他戰前伏在陣地前竊聽敵軍的動靜，擔負偵察任務。

可見，人人都有自己的獨特之處，這需要你仔細發掘，用心發現。俗話說「寸有所長，尺有所短」，如何來以己之長補己之短呢？先聽我來說個故事：

當年有間飯店，在大廳門口安排了個身高不高的年輕人，這也許是老闆的別出心裁。這位年輕人負責為往返飯店的客人開車門、做招待。雖說

個子矮，但動作俐落，反應快，而且敬業，他的服務讓人非常滿意。無論客人對他表揚還是嘲笑，他都一樣面帶笑容，從不發脾氣，有時候還會和客人開玩笑：「濃縮的都是精華，天生我才必有用，看我這高度，就是開車門的料。」由於他表現好，且有管理的才能，後來聽說還升了經理。這就是人雖矮小但志氣不短，而且能揚長避短，充分發揮自己的優勢，實現了自我價值。

還有一位作家寫過這樣一個故事：有一次我隨團旅遊，剛下飛機，接團的孫小姐，長了一張國字臉，塌鼻梁，小眼睛，大家見了一片噓聲。這孫小姐大概早就料到大家的反應，鎮定自若地自我介紹道：「各位好！我是負責你們這次遊程的導遊之一，因為我長得很『違章』，所以有人把我叫成《水滸傳》裡的孫二娘，沒關係、隨便你們叫。別看我臉大如盆，水蛇腰、眼睛小成一線天，但我那『臉盆』裡裝的是笑話，我那腰裡藏的是智慧，我那一線天更是火眼金睛。」果然，幾天下來，從她的旅遊知識、導遊技巧、服務安排到職業道德都非常到位，令全團人折服。豐富的知識，風趣、幽默的話語，開心的笑話，周到的服務貫穿全程。大家對她的表現當然是十分的滿意，所以大家都得出一個結論：人不可貌相。該「孫二娘」比起那些花瓶美女，不知勝過多少倍。

她之所以能得到旅客的認可，主要是她意識到了自己的缺陷和不足，從而在知識和技巧方面努力進行彌補，使自己得到了昇華。所以說她從不掩飾自己的「違章」，變劣勢為優勢，成為旅行社裡的口碑導遊。

缺陷和不足是每個人不可避免的，就看你怎麼去面對，你如果能積極地面對，揚長避短，充分發揮你的亮點和發光點，只要你自信，樂觀，有一個好的精神面貌，不管你有什麼先天不足，你同樣能在人生的道路上熠熠生輝。

卡內基說過：「一種缺陷，如果生在一個庸俗的人身上，他會把它看作是千載難逢的藉口，竭力利用它來偷懶、求恕、博取同情。但如果生在一個有作為的人身上，他不僅會用種種方法來克服，還會利用它做出一番不平凡的事業來。」

你可能有缺點，但你可以努力蛻變成一隻「美麗的蝴蝶」！我們應該想辦法揚長避短，充分發揮自己的優勢。我們改變不了生命的長度，就要試著增加它的寬度，改變不了命運的詰難，就要努力提升自己的水準。這便是所謂的「以己之長，補己之短。」

在遼闊的草原上，我們無法仰慕高山的挺拔；在雄偉的長城上，我們無處尋覓大海的深沉，在幽靜的山谷中，我們無法想像戈壁的荒蕪。我們不需要為兔子不能游泳，小狗不會打洞感到煩惱。雖然野鴨教練說：「成功的 90％ 來自於汗水。」但改變不了客觀事實，就應該學會以己之長，補己之短。

麥可‧費爾普斯（Michael Phelps）無法成為麥可‧傑克森，拿破崙無法成為華盛頓。成功不僅僅取決於 90％ 的汗水，也取決於客觀的條件。不顧客觀條件的約束，只是盲目的付出，也是不容易取得成功的。每個人都有各自的不足，我們在彌補不足的同時，更要明白推進整體前進的重要性。

以他之長補己之短

記得一位數學教授說過一句話：圓代表規律、穩定、周長短、面積大；多邊形代表創新，多變、周長長，面積小……它們確個有所長，但孰不知，它們各自的優點也正是缺點之所在。面對某些情況，它們都將無地

放矢，而二者互補長短後，卻恰能適合，這就是所謂的「以他之長，補已之短」。

縱觀古今，人類亦是如此，只看到自己優點而忽略他人，剛愎自用，最終在缺點面前敗下陣來。一代霸王項羽，力拔山兮氣蓋世，不可不謂之勇，但最終卻難逃失敗。何也？項羽雖勇，但智謀不足，卻又不能容忍智謀遠勝於他的人，看不到自身缺點，自認為十全十美根本不用輔助。「聞道有先後，術業有專攻。」用來指導項王大概是最合適的了，教他天外有天，人外有人的道理，不把他人優點借為已用，必然失敗。

當年漢高祖談論多年爭戰經驗，說道：「打仗我比不上韓信，治國我比不上蕭和，行軍布陣我比不上張良。」此雖劉邦謙虛之說法，但也證明劉邦已意識到自身有缺點，要想成就大事，就必須克服缺點，自身完全無缺何其難也，於是這就需要另闢奚徑。劉邦是明智的，他集各人長處於一處，以他之長，補已之短，從面形成了一個完美的堅固的集團組合──漢室。否則，憑他劉邦一介布衣，才能泯然眾人，僅以一人之力，建立漢朝，怕是不太可能了。

一個集團，一個企業，甚至一個國家，建立一個完善的機構是必要的，各機構各守其職，互相配合，發揚各自專長，才可以把價值用到極致，效果發揮到最佳。

在整個大社會中，人人各有所長，只有每人都站到自己最佳位置上，補充社會大機器的不足，用已之長，補他之短，也同樣用他之長，補己之短。

我們再看世界歷史，每個國家的崛起和發展歷程都不盡相同。但是他們發展的方式無非兩種：一是依靠自己的力量，二則是以人之長補己之短。

毫無疑問，第二種方式是聰明的。因為用這種方式，我們僅需睜大眼睛，豎起耳朵，轉動腦子，就可以將其他人或國家用了幾十甚至上百年在總結出的經驗教訓學回家。美國就是一個很好的例證。美國，眾所周知是一個世界大國，可是它的歷史只有 200 多年！學習英國的工業，然後抓住第二次工業革命的機會，大力發展經濟；學習法國的《民法典》，然後頒布《獨立宣言》。

對於國家而言，以人之長補己之短，其實很簡單。最重要的就是放開胸懷，把眼光投向更遠的地方，接納來自他國的先進策略。

而對個人來說，道理也莫不如此。古人言：「它山之石可以攻玉」。要善於發現別人的優點，善於總結自己的缺點，然後「取人之長，補己之短」。於人於己都是一種互惠互利，對於自身而言，是我們成長、完善，更好走好我們的人生；對於事業而言，博取眾長，更好的、更完美的完成工作；對於主管而言，發揮團隊優勢，發揮團隊智慧，一定會取的企業的輝煌。

我們再看兩則小故事：

從前魏地有個人，素以博學多識而著稱。很多奇物古玩，據說只要他看一眼就能知道是什麼朝代的什麼器具，並且解說得頭頭是道，大家都很佩服他，他也常常引以為自豪。

一天，他去河邊散步，不小心踢到一件硬物，把腳也碰痛了。他恨恨地一邊揉腳一邊四下張望，原來是一件銅器。他頓時忘了腳痛，拾起來細細查看。這件銅器的形狀像一個酒杯，兩邊還各有一個孔，上面刻的花紋光彩奪口，儼然是一件珍稀的古董。魏人得了這樣的寶貝非常高興，決定大宴賓客慶賀一番。他擺設酒席，請來了眾多親朋好友，對大家說：「我最近得到一個夏商時期的器物，現在拿出來讓大家賞玩賞玩。」於是他小

心地將那銅器取出，斟滿了酒，敬獻給各位賓客。大家看了又看，摸了又摸，都裝出懂行情的樣子稱讚不已，恭喜主人得了一件寶物。可是賓主歡飲還不到一輪，意想不到的事情發生了。

有個從仇山來的人一見到魏人用來盛酒的銅器，就驚愕地問：「你從什麼地方得到的這東西？這是一個銅護襠，是角抵的人用來保護生殖器的。」這下子，舉座譁然，魏人羞愧萬分，立刻把銅器扔了，不敢再看一眼。

無獨有偶。楚邱地方有個文人，其博學多識的名聲並不亞於魏人。一天，他得了一個形狀像馬的古物，造得十分精緻，頸毛與尾巴俱全，只是背部有個洞。楚邱文人怎麼也想不出它究竟是做什麼用的，就到處打聽，可是問遍了街坊遠近許多人，都沒一個人認識這是什麼東西。只有一個號稱見多識廣、學識淵博的人聽到消息後找上門來，拿起這件古物研究了一番，然後慢條斯理地說：「古代有犀牛形狀的酒杯，也有大象形狀的酒杯，這個東西大概是馬形酒杯吧？」楚邱文人一聽大喜，把它裝進匣子收藏起來，每當設宴款待貴客時，就拿出來盛酒。

有一次，仇山人偶然經過這個楚邱文人家，看到他用這個東西盛酒，便驚愕地說：「你從什麼地方得到的這個東西？這是尿壺呀！也就是那些貴婦人所說的『獸子』，怎麼可以用來作酒杯呢？」楚邱文人聽了這話，臉一下子紅到了耳根，羞慚得恨不得立刻在地上挖個洞鑽進去，馬上把那古物扔得遠遠的，像魏人一樣不敢再看。世上的人為此都嘲笑他。

現今是一個資訊爆炸的時代，網路通訊發達，人們見多識廣，我們已不再會有人把尿壺當酒壺了，但是，不學無術、自欺欺人的事件還會發生。所以說，我們更需要博聞強記，採百家之長補己之短，才是進步，才能成功。

平衡發展，平衡生活

工作與生活是人生的兩個基本支點，懸掛於人生天平的兩端，若平衡不當，對我們的生活品質、工作績效，乃至個人發展都將直接帶來負面影響。如何實現工作和生活的平衡，已經成為現代社會高節奏下人類生活的一個重要課題。平衡工作與生活，能夠使人們在工作中因提供了收入和獲得成就感而快樂，在家庭生活因獲得親密的關係和愛而滿足，從而更好地實現人生的可持續發展。

一個人或一個家庭要平衡發展，才能持久。比如愛情，愛情不是施捨，愛情也不是婚姻的前提。當男女共同組成一個家庭，要相互體諒，更要追求平衡發展。社會對於男人的期望很高，相較一個女孩子，男孩子會得到更多的發展機會，即使這人比那個女孩子略遜一籌。對於女孩子來說要取得事業的成功，要比男孩子付出得更多。結婚對於女孩子來說是個巨大的挑戰，在家庭內部，生理上要準備生孩子，心理上要擔負起照顧丈夫的責任，同時在社會上她要成為社會價值的創造者，老闆不會因為你家庭負擔重就放低對你的要求。要出類拔萃，就需要付出艱辛的努力。職場上的失意，會讓女孩子將重心轉回家庭，越轉回家庭則越無心工作，如此一來，工作難免會一踏糊塗。大多數女孩子並沒有意識到這樣的危害，甚至以為以家庭為重心才是賢妻良母。殊不知，丈夫早已在職場上春風得意，見慣了年輕漂亮且有能力的女同事，拿她們和家裡的妻子一比，落差太大。雖然過去你也曾年輕漂亮有能力，但是現在你已人老珠黃，美這種稀有資源在你身上已經完全沒了蹤影，而相反，以前的那個窮小子現在成熟、穩重、自信、富有，怎麼可能還把你當個寶。所以，女人一定要獨立，不僅要有一份工作，而且要有一份自己的事業，與丈夫齊頭並進。而丈夫呢，也應該體諒妻子的艱辛，為她的發展提供幫助，畢竟社會上女人

多數情況下還是弱者，還需要男人的保護。所以，丈夫和妻子要共同努力才能維持。

那麼，我們究竟是選擇一邊倒的拚命工作，還是平穩度過的美滿生活？如何平衡好事業和生活也是一門藝術。

最近，「平衡」成了時尚人士關注的焦點。是不是事業成功就可以掩蓋掉你付出的所有代價？究竟是拚盡全命的努力生活還是一帆風順的美滿生活更值得羨慕？答案不一，但毋庸置疑的是，越來越多的人選擇後者，在努力尋找工作和生活的平衡、事業和家庭的平衡、外界和自我的平衡。在成功幾乎成為衡量人的價值的今天，失衡的生活就像漂亮的塑膠盆景，外表的風景再美，也掩蓋不了背面的粗糙，而平衡的生活才是健康的生活方式。

生活中，常會有些釘子一樣多而無序的擔子，壓得我們喘不過氣，撿了這根丟了那根，總是不可能在有限的生命裡，在不寬敞的生活平面上找到平衡點把它們穩穩地擔起。我們也習慣用定勢，整日忙於應付各樣無序的重擔，卻從未想過理出生命裡最重要的兩根砥柱來做為基礎，其餘再多的擔子也能在這基礎上找到平衡。有了這個靠山，就敢放手，就能重新揀選你的生命，把那最重要的放在「四兩」的基礎上，去挑那些「千斤」的重擔。

學會放手尋找到生命的支撐點，理出生活的頭緒，讓生活裡各種擔子在這個支撐點上找到平衡，心也不會再搖晃了。現在做的工作微乎其微抑或多如牛毛，當你在這個平衡點上做工時，就會永遠穩固輕鬆。

我有一個朋友，他總是跟我說他整天忙著工作。那話在某些人聽來可能很熟悉 —— 我的生活也總是圍著工作轉，雖然可以說我已經找到了一個較好的平衡點去安排我生活中所有重要的事情，包括工作，家庭和我感興趣的其他事情。但某種程度上工作就是生活。

其實，工作和生活並不矛盾，工作是生活的一部分。對某些人，工作不是生活中最有趣的部分，但對其他人，工作就是一種熱情。不管是哪種，工作都是我們生活的一部分，有好也有壞。所以，重點是明白我們要尋找的是喜歡做的事情之間的平衡點 —— 不僅僅只有工作和工作之外的生活，也包括工作，家庭，嗜好和其他一切我們感興趣的事情。

怎樣發現那個平衡點，這裡有些建議可供參考：

◆ **安排好時間段**：這對那些經常使用日曆記事或者能夠堅持日程表的人有好處。為一週裡面所有重要的事情安排好大段的時間。我這裡建議安排好所有事情但是工作總是第一位的（除非你有固定的工作時間），這樣可以保證你擁有業餘時間並且在業餘時間裡做任何想做的事情。但是不要安排得太滿，要留點自由時間，因為排滿的日程表總會出岔子。最好在你排好的整塊時間之間留點空餘，否則你會因為前一件事情拖太久而不得不放棄後面的一些計畫。

◆ **設置限制**：這對那些一開始工作或一做事情就停不了的人有好處。舉個例子，如果你每天都工作 10 ～ 12 小時，設置一個每天 8 小時的時間限制，並且堅持執行。如果你有一個比較靈活的日程安排，你甚至可以考慮再縮短工作時間，努力一把為自己提供更大的自由時間。我發現只要設置了時間限制，總能在規定時間內完成必要任務。這就意味著減少不必要的任務，不做浪費時間的事情比如偶爾上網，或者那些別人託付的但完全沒有必要你自己去做的事情。

◆ **與家人和朋友約會**：嘗試著與家人和朋友約會，而不要只是喊口號我要花更多的時間和我的家人、朋友在一起。可以是與配偶或心儀對象的浪漫約會，或者與朋友或孩子或其他的家庭成員的普通約會。你不必稱之為約會，僅僅是安排時間和他們一起定期做些事情。也不一定

要花很多錢 —— 可以是很簡單的事情，比如一起在公園裡散步或玩棋牌遊戲或為對方做飯或捧著爆米花一起看 DVD。

◆ **與自己約會**：我們經常為我們的家人或其他親人留出時間，但是卻忽略了我們自己。為自己預留一些時間，一個人做些你喜歡做的事情。對我來說，那就是閱讀和跑步，但是其他人可能喜歡做手工或思考或瑜伽或步行或衝浪或其他的事情。只要定好時間不要錯過這個時間！

◆ **擁有夥伴**：有時候有一個夥伴有助於你進行約會，不管他是培訓合作夥伴還是在工作中幫助你的人或者是與你有相同愛好的人。不管是早晨還是下班後，或者午餐時間或週末，如果你有一個夥伴，有時候你更可能堅持去約會。

◆ **定期檢視你的生活**：你可以在跑步的時候會反思，同樣你也可以在獨自一人的時候進行反思。我們的生活經常會偏離我們最初設定的軌道，除非經常反思，我們才能實現生活的目標。或者我們可以過一種有規律的生活，而我們也沒想改變這種生活。經常自我反省是一種很好的方式。思考你的生活會怎樣，你如何花費你的時間，並決定你是否需要作出改變。然後立即安排時間進行這些改變。

◆ **適當放慢節奏**：適當放慢節奏。慢點走，慢點開車，慢點說話，關注一下周圍發生的事情。嘗試一下瑜珈和冥想。你不需要跑著生活。

◆ **如果和周圍的氣氛格格不入，不要勉強自己**：工作壓力、飛快的生活節奏，好像周圍的人都在向你鼓吹和讚美這種生活方式。如果這不是你想要的，沒必要隨波逐流。你是一個有自己感受和需求的人，你不需要屈就那些不符合你的價值觀的東西。

◆ **克制你的物慾**：如果克制住去買那些你並不需要的東西的慾望，你可能就沒有這麼大的工作壓力了。那些你覺得買來就會改變你生活的東

西，在擁有後往往並不能填補你的空虛。和你周圍的人比較不能給你帶來滿足和快樂。想想到底什麼是你真正需要的。

◆ **有空的時間做一些有意義的事情**：比如做一些志願者工作。發現自己的能力，發揮你的長處。

經商要改善哪些弱點

有人說：商戰是一場沒有硝煙的戰爭。一點沒錯，在市場和商海中奮鬥，能者勝，劣者敗是最基本的規則。如果沒有經得起考驗的智慧與經商能力，失敗在所難免。

而要成為一個成功的經營者，必須具有出色的經營才能，具備駕馭企業的能力。那麼，經商需要具備那些能力呢？

從大的方面來說，需要具備以下能力：

◆ **策劃能力**：經營者要根據外部經營環境和企業內部經營實力，進行創意性的構想，確定企業發展方向、目標和策略。

◆ **組織能力**：經營者要能力把企業生產經營活動的各個要素、各個環節，從縱橫交錯的相互關係上，從時間和空間的相互銜接上，高效的、科學地整合起來。從而使企業形成一個有機整體，高效率的運轉。

◆ **指揮能力**：首先經營者要能夠「正確下達命令」，經營者下達的命令必須前後連貫，命令之間不能相互矛盾，朝令夕改，弄的下屬無所適從；其次，經營者要正確指導下屬，使下屬的經營行為，符合經營者命令的要求。這是令行禁止的重要保證。

從小的方面來說，則需要具備下面幾種能力：

- **良好的人際交往能力**：商業就是與人打交道的行為，而在涉及利益的情況下，人性的自私更為凸顯。這就需要經商者善於處理人際關係。具備了此種能力，你便擁有曲徑通幽的本事，將不可能變為可能，將可能變為現實。難怪鋼鐵大王安德魯‧卡內基（Andrew Carnegie）說：我寧願花費90%的時間去建立人脈。可見，此種能力的重要性。

- **自我管理的能力**：尤其要管理好自己的情緒。情緒化是最不成熟的表現之一，在商場裡，一個孩子因為得不到想要的東西而嚎啕大哭，這很正常，可是當一個成年人也做出這種動作，就有點匪夷所思。在商場上，有太多的人，不能控制自己的情緒。比如，他會因喜歡某個人而與之做生意、他會因為對方是好朋友而自動放棄生意場上應該遵循的規則等等，這是非常可怕的。結果很可能使自己落入尷尬的境地。

- **獨立思考的能力**：分清什麼是機會，什麼是陷阱，獨立思考必不可少。面對各種花樣翻新的哄騙會有自己的方法對付。

- 具備了此種能力，就會清楚用何種方法管理企業是最合算的。具備了此種能力，就不會簡單地模仿競爭對手，人云亦云，邯鄲學步。如果不具備這種能力，那基本上可以被排除在商人之外了。

- **數據分析能力**：透過數據分析，能夠看出企業經營的各個環節中存在那些問題，企業成本的負擔在那裡，存在那些潛力，能看出提供利潤的潛力在那裡。在一大堆亂七八糟的財務數字中，能夠敏銳地看出利潤的核心點在哪裡，成本的負擔在何處。這種能力是透過長期的工作經驗累積與腦力思考培養出來的。

- **經得起考驗的理財能力**：只會賺錢，不會理財的人當不了成功的商人。辛辛苦苦賺來的錢在很短的時間又流出口袋！錢再多，也留不住。就像一個富翁所說的：錢有四個角（腳），他跑得比人快，如果

你不了解它的運作規律，它就會從你手裡溜掉，然後跑到那些會投資、會理財的人那裡去！這真是一句至理名言。

經商好比打鐵，想要打出好的鐵器，一是製造鐵器的原物料必須優良；二是打鐵者的手藝要精良。唯有如此，才能打得出好的、上乘的鐵器。新形勢下的經商者，面臨許多具體複雜的工作。要做好這些工作，能力必須經得起考驗，只有具備了這些能力，才能在工作上得心應手，才會在經營上施展開拳腳。

從政要改善哪些弱點

政治不僅是一項嚴肅的工作，同時也是一門藝術。並不是每個人都適合朝政界方向發展。從政需具備一些前提條件。比如政治操守，從政能力等。如果只有政治操守，卻缺乏從政能力，即使再有憂國憂民之心，也很難駕馭複雜的政治局面。

在金庸的小說《書劍恩仇錄》中，主角陳家洛文武雙全，風度翩翩，重情重義，有崇高理想。但是，在政治上，他卻是失敗者，無論他在個人品行上多麼高尚，身為紅花會的總舵主，他卻是徹頭徹尾的失敗者。

《書劍恩仇錄》故事一開始：紅花會的頭目，以最隆重的「千里接龍頭」禮節，去迎接陳家洛做他們的總舵主，決定由這個人物當總舵主，唯一原因是上任總舵主有遺命，光復漢人江山的大業，非此人莫屬。

然而，陳家洛沒有完成任務，他與皇帝結盟的結果是一敗塗地，白白犧牲了不少英雄的性命，最後落得全體退隱回疆。

陳家洛的失敗，固然與時代及使命相關，但最重要的還是他個人的能力，不足以勝任這種政治性的工作。他太重個人感情，不能正確面對客觀因素，毫不了解政治，更缺少政治韜略與眼光。這樣缺乏政治素養的人，

注定是失敗的政治人物。

陳家洛原本不想做總舵主，因為他覺得「跟自己個性不合」。但他義父沈有穀認為陳家洛適合做總舵主，因為當今皇帝是他的親哥哥，他可以利用兄弟之情去打動皇帝，恢復漢人衣冠。陳家洛並沒有考量計畫的可行性，義父叫他做，眾人叫他做，他就做了。從這一點，可看出，他缺少從政必不可少的選擇與決斷能力。

他接過任務之後，在人前努力表現出一派領袖風範，但獨處之際，卻一心只為個人恩怨，兒女情長。

陳家洛與乾隆數次會面，每次都緊扣人心弦。

第一次：陳家洛在西湖畔遊山，碰見乾隆在山中撫琴，彼此不相識；

第二次：陳家洛晚上暗探衙門，乾隆正夜審文泰來，陳家洛知曉乾隆真實身分；

第三次：相會與西湖舟上，相當於一場鴻門宴，表面客氣斯文，暗地刀槍嚴密；

第四次：陳家洛回海寧老家拜祭父母，偶遇乾隆，兩人乍見之下，心情激動。

這四次見面，特別是最後一次，陳家洛讓私人感情不自覺地發展成對乾隆的信任。

所以，到第五次見面，乾隆被紅花會群雄囚在六和塔頂，陳家洛便過度自信地以為乾隆會站在紅花會這邊。由此可見，他缺少從政應有的判斷是非的能力。

紅花會群雄將乾隆囚在西湖的六和塔。是陳家洛犯的致命性的政治錯誤。紅花會群雄一起表明身分，雖然收到了當場威懾對方的效果，但卻是一種極危險的做法。在敵我勢力懸殊的情況下，將自己隱藏的實力全然曝

光，必然帶來嚴重的後果。這一批紅花會的重要勢力，多年來滲透於各層官府之中，掌握了朝廷的動向。而一旦暴露，這批力量將無法再造成地下影響的作用，其結果就是這些人會像一個個活靶被敵人逐步消滅。身為一個政治家，這是一個絕對致命的錯誤。而這樣的錯誤，陳家洛一而再的犯，足以證明他本身不具備從政的綜合能力。

陳家洛武功高強，文才出眾，自出現始，到處理鐵膽莊的事、救文泰來、黃河救災，無不顯示出色的才能。可是他遇到大事時猶豫不決，感情用事，沒有政治家所有的眼光與能力，讓他去從政，只能說是歷史的謬誤。

美國哈佛大學著名管理學家在其著作中說：「沒有能力者，只能在失敗的邊緣上鋌而走險，並且永遠看不到成功的希望。」

那麼，目前受學子青睞的公務員職務，需要具備什麼樣的能力呢？

◆ **需要具備觀察分析能力**：觀察能力是對各種問題和現象的洞察力，是對具體情況具體分析的前提。具備這種能力，可以透過現象看到本質，預見事物的發展和變化。分析能力是指把事物分成幾個部分或幾個方面，分別加以考察和綜合分析，確定問題性質和原因的能力。這是掌握問題實質的基礎。分析能力強，能夠抓住主要問題，善於分析了解癥結之所在，進行全面邏輯分析，作出正確結論。

◆ **理解能力**：理解能力是對事物的領會能力。它是貫徹執行方針政策和上級指示不出偏差的基礎。不僅理解問題要準確、迅速，並能舉一反三。

◆ **學習能力**：必須要建立終身學習觀念；自我培養必備的學習能力；以及根據自己的特點靈活運用學習方法提升自己的學習能力。

◆ **溝通協調能力**：透過情感、態度、思想、觀點等各種資訊的交流，來

控制、激勵和協調他人的活動，使之相互配合，從而建立良好的合作關係的能力。具備了這種能力，才能廣泛接觸社會，建立工作連繫，與人和睦相處，密切合作。

◆ **應變能力**：主要包括有效掌握工作相關資訊，及時捕捉帶有傾向性、潛在性問題，制定可行備案，並爭取把問題解決於萌芽之中；正確理解和處理各種社會矛盾，善於協調不同利益關係；面對突發事件，頭腦清醒，科學分析，敏銳掌握事件潛在影響，密切掌握事態發展情況；準確判斷，果斷行動，整合資源，調動各種力量，有序應對突發事件。

◆ **自我管理能力**：要具備積極、樂觀、向上的精神狀態和敬業愛崗的熱情；能根據形勢和環境變化適時調整自己的思考模式和行為，保持良好的心態、情緒；此外，還能有效地管理好時間。

一旦你具備了上述幾種能力，並能將之提升到一個新的高度，那就在這塊土地上努力的耕耘吧！你將發現，你的人生會過得如此充實。

第三章
你的運氣就在你的朋友之中

朋友可以給一個人帶來很多機遇，在當下，幾乎沒有人不知道機遇的潛臺詞就是人脈。你的人脈好，你獲得的資源就多，你擁有的發展平臺就大，自然也就能擁有更多的機遇。雖然朋友不能當飯吃，也不能當錢花，但朋友中所潛在的力量卻是巨大的，所以說，朋友是你一生中最寶貴的無形資產。

朋友多了路好走

　　有句俗話「多個朋友多條路」，有首歌詞「千里難尋的是朋友，朋友多了路好走」，都是說的這個意思。古往今來，流傳著許多交友佳話：俞伯牙和鐘子期、阮籍和嵇康、李白和杜甫……，譜寫了一曲又一曲友誼地久天長的動人詩篇。

　　今天，許多人也有這樣的體會和感受，無論從政還是經商，也無論做工還是務農，朋友就像一縷陽光，多個朋友就多點快樂，生活更加充實，尤其在資訊化社會，朋友的功能越來越重要，多個朋友，就可能多一個消息來源，多一份智慧，多了生存的力量，增加了成功的機遇。所以，人們對諸如「多個朋友多條路」這樣的俗話，堅信不疑，交友意識越來越強，也在情理之中。

　　聽電臺的點歌節目時，經常聽到有人說，「我想把這首歌送給所有認識我和我認識的朋友」。不知道人們在做著這樣的表白前，是否真的算過，這個世界上，「認識我和我認識的朋友」一共有多少。

　　顯然，每個人的答案是不同的，一個善於交際、廣交朋友的人和一個封閉自己、獨善其身的人，朋友的數量會相差甚遠。雖然人人皆知「在家靠父母，出門靠朋友」，可是又有多少人會真的將它作為理財創富的渠道？

歷史上有許多成功人物，可謂「靠朋友致富」，他們將朋友的功能發揮到了極致，不僅極善處理人際關係，並把它成功地開發成資產，又能很科學地加以管理，從而讓個人的財富以超乎常規的速度發展。當你閱讀著他們的故事，感慨他們擁有的龐大的人脈網，感受他們經營人際關係的用心，羨慕人脈為他們的人生昇華創造著一次又一次的機會，或許你會領悟到，豐富的人脈資源不僅帶來的是珍貴的精神財富，更能直接幫助人們開啟財富之門。

什麼是朋友？朋友就是你能信任他，他也了解你的人；朋友是能分享你的成功、你的喜悅而從不忌妒你的人；朋友是能傾聽煩惱並給予有益建議而不洩漏隱私的人；朋友是能在你需要時給予你幫助而不求任何回報的人；朋友也是讓你常常不由得自己去深深依戀的人。人一生可以貧困，但再貧困不能窮得沒有朋友。

由此可知，廣交朋友對於人的一生是多麼重要。

有一句名言這樣說：「靈魂，要吸收另一顆靈魂的感情來充實自己，然而以更豐富的感情回送給別人，人與人之間，如果沒有這點美妙的關係，心就沒有生機，它缺乏空氣，就會難受枯萎」。

在現實生活中，常常有這樣的情況，某些事同家人說有一點顧慮，同朋友說，則可敞開心扉。因此人要有朋友、要廣交朋友、要廣交真摯的朋友。交友的好處很多、益處很大。

◆ 一個人在現實生活中，難免有種種疑惑、困惑、需要尋求幫助，聽聽他人的析說，使自己在作出抉擇之前，取得比較明智的見解，以便下定決心。

◆ 身為朋友，當你有了困難，能鼓你奮進，有了挫折，促你奮發向上；有了夢想，催你奮鬥；當你發奮有為時，朋友會提醒你謙虛謹慎；當

你看到天外有天，人上有人，不滿、妒忌，萌生邪念時，朋友會委婉地規勸你，讓你懸崖勒馬。遠離「一失足成千古恨」的危險境地。

◆ 良好的情緒狀態，可能使生理功能處於最佳狀態。因此，融洽相處、與友交往、與人為善，是最好的心理養生，會是你心理上保持健康，從而延年益壽。

◆ 與有頭腦的朋友交往，在智力上會大為收益。「聽君一席話，勝讀十年書」，茅塞頓開，也許對命運的改觀，會造成很好的引導。廣交朋友，能使您熟悉各種環境，儘快地適應各種環境，等等。

因此，人生活中不能沒有朋友，不能沒有用真情溝通的摯友。如果自視清高，看不起那些條件比自己差的人，只會孤立自己，變得狹隘、保守，落後於社會的發展。當然也不能交那些歷來被人們所輕蔑的酒肉朋友，因為這些人不但發揮不到任何良好的作用，還會影響自己的身心健康發展。

朋友是你的忠實人脈

生活中，我們不能缺少朋友。人們都知道，結交一個朋友就多一條路，在你最困難的時候，往往是你的朋友幫助了你；離開了朋友，你往往就會陷入無助之中。因此可以說，朋友是你人生中一筆巨大的財富，是關鍵時刻可以靠一把的人脈大樹，是一生中最忠實的人脈。

在現在這個商業化的社會，一個人如果擁有良好的社會關係，就等於擁有比別人多的機會。因此，如果你想成為一個成功者，在創業之前或創業過程中就要有意識地累積各行各業的朋友，他們之中說不定就可以帶給你成功的機遇。

生活中，因廣交朋友、廣得朋友人緣而走上成功之路，因孤僻性格而導致人生挫敗的例子，是很多的。

美國作家傑克‧倫敦（Jack London）的童年是貧窮而不幸的，十四歲那年，他借錢買了一條小船，開始偷捕牡蠣。可是，不久之後就被水上巡邏隊抓住受罰。傑克‧倫敦趁空檔逃了出來，從此便走上了流浪水手的道路。

兩年以後，傑克‧倫敦隨著姐夫來到阿拉斯加，加入到淘金者的隊伍。在淘金者中，他結識了不少朋友。他這些朋友中三教九流都有，而大多數是美國的勞工階級，雖然生活困苦，但是在他們的言行舉止中充滿了生命的活力。

傑克‧倫敦的朋友中有一位叫坎里南的中年人，他來自芝加哥，他的辛酸歷史可以寫成一部厚厚的書。傑克‧倫敦聽他的故事經常潸然淚下，而這更加堅定了傑克‧倫敦心中的一個目標：寫作，寫淘金者的生活。

在坎里南的幫助下，傑克‧倫敦利用休息的時間看書、學習。1899年，23歲的傑克‧倫敦寫出了處女作《給獵人》，接著又出版了小說集《狼之子》。這些作品都是以淘金工人的辛酸生活為主題，因此，贏得了大量中下階層人士的喜愛，傑克‧倫敦漸漸走上了成功的道路，其著作的暢銷也給他帶來了巨額的財富。

剛開始的時候，傑克‧倫敦並沒有忘記與他同甘共苦的淘金工人們，正是他們的生活給了他靈感與素材。他經常去探望這些窮朋友們，一起聊天，一起喝酒，回憶以往的歲月。但是後來，傑克‧倫敦的錢越來越多，對於錢也越來越看重。甚至公開聲明他只是為了錢才寫作。他開始過起豪華奢侈的生活，而且大肆地揮霍。與此同時，他也漸漸地忘記了那些窮朋友們。

有一次，坎里南來芝加哥看望傑克‧倫敦，但傑克‧倫敦只是忙於應付各式各樣的聚會、酒宴和修建他的別墅，對坎里南不理不睬。於是坎里南頭也不回地走了。同時，傑克‧倫敦的淘金朋友們也永遠離開他的身邊了。

　　離開了朋友，離開了寫作的泉源，傑克‧倫敦的思維枯竭，他再也寫不出一部像樣的著作了。於是，1916 年 11 月 22 日，處於精神和金錢危機中的傑克‧倫敦在自己的寓所裡用一把左輪手槍結束了自己的生命。

　　在朋友之間，友誼是無法用價值來衡量的。患難之交的傾心相待，素昧平生的神交之緣，生死不渝的友誼，時時煥發出聖潔的光輝……所以從某種意義上來說，朋友是人生的一種財富，而且是最大的財富。他可以助你走上坦途，也可以使你擁有百萬家財。儘管真正的友誼是絕對不能夠用金錢來衡量的，但是從功利的角度來看，他的確可以做到這一點。

　　有一個在報社廣告部門工作的年輕人，時常接觸到很多的大客戶。他執行廣告行銷時非常賣力，這些客戶對他的付出也表示滿意，因此彼此間的關係十分融洽。後來，年輕人出來自己創業，自然想到了這些過去的夥伴。當時，一家大公司恰好在該地還沒有專賣店，他就跟銷售部門的負責人談起此事，大公司很給他面子。在眾多競爭對手條件都差不多的情況下，而把獨家販售權給了他。很快，這個年輕人的生意越做越大，真正地當起了大老闆。

　　遺憾的是，現代人由於生活忙忙碌碌，沒有時間進行過多的應酬，日子一長，許多人原本有牢靠的朋友關係都變得鬆懈了，朋友之間也逐漸互相淡漠了。這對於公司或者個人的未來發展都是極為不利的。因此奉勸那些忙忙碌碌的人們，忙裡偷閒地抽點時間和朋友們聯絡聯絡感情，哪怕是吃個便飯或打個電話，都是好的，大家互相協助，或取長補短，經營維護好朋友這條忠實的人脈，為人生的成功與輝煌打好基礎。

運氣多在益友中

　　清代學者包世臣曾撰有這樣一聯：喜有兩眼明，多交益友；恨無十年暇，盡讀奇書。此聯為其在江西做官時而寫。上聯說幸喜自己沒有衰老，要趁耳聰目明時多交好朋友。下聯感慨長年忙於俗務，可惜沒有工夫讀盡少年的好書。

　　確實如此，朋友是人一生中最為寶貴的財富，世界上沒有比這更重要的了。正如有人所說的：「失去一個朋友，你便喪失了一部分生命。」這句話的另一面也是正確的：「如果你能抱全一個朋友，那麼你的人生將更豐富，更有價值。」

　　世間上每個人都需要朋友。莊子和惠子，伯牙和子期，管仲和鮑叔……這些都是歷史上朋友的典範，他們的友誼更是為人們所稱頌。

　　但朋友也分益友與損友，益友要多交，損友則避之，歷史上管寧和華歆割席斷交的故事就是一個範例。大千世界，魚龍混雜，友分益損。古人告誡我們：「君子先擇而後交，小人先交而後擇，故君子寡尤，小人多怨，匹夫不可不慎交友」。可見，如何認識和選擇朋友，是很重要的人生課題。

　　益友既然對一個人的一生有如此大的作用，那我們有什麼理由不擦亮眼睛多交益友呢？一般來說，擇益友具有以下幾個方面的標準：

- ◆ **志向**：由於階級和時代的不同，人們對擇友標準的理解不可能完全一致。但是，幾千年傳統積澱出的許多帶有規律性的共識，卻是超越階級和時代的，永遠值得人們在擇友時進行借鑑。選擇朋友要選擇志同道合、情趣相投者。共同的志向和情趣，是連繫人與人交往的紐帶。以志同道合者為友，對我們實現自己的人生想和價值是十分有利的。

因為朋友間有了共同的追求和志向，他們在人生的道路上就會相互支持、相互幫助。

◆ **品德**：選擇朋友要選擇品德高尚者。與品德高尚的人交朋友，無形中會使自己的品格更加完美、情操更加高尚。正如孔子所說，與品德高尚的人相處，就像進入養育芝蘭的花室，時間久了，聞不到它的香氣，這是與芝蘭的性質變得相同了的緣故。與品德高尚人交朋友，通常不會受到朋友的損害和背叛，即使客觀條件發生很大變化，他們也不會作出有傷友情的事情。而且，他們還往往會在你有困難時伸出自己無私援助的手。所以，品德高尚的人，歷來受人推崇，也是人們願意結交的對象。而品德低劣的人，卻常常被人所鄙視，極少有人願與之交往。

◆ **學識**：選擇朋友要選擇有學識者。一個人如果能多結交幾個有學問的人做朋友，對自己的成長與進步將是十分有益的。而且，人生在世，學問是永遠沒止境的，就連學富五車的孔子都感嘆：「三人行，必有吾師焉」。獲取學問的途徑有許多種，其中以有學問的人為朋友可以說是一條最直接最簡捷的途徑。其實，學問再大的人也有他不懂的東西，而學問相對較少的人也不是什麼都不懂，正所謂「尺有所短，寸有所長」。

因此，如果人人都是結交比自己有學問的人為友，那麼到頭來只能是誰也沒有朋友。所以，擇友不可求全責備，同時還要善於結交各式各樣的人，只有這樣才能得到真正的朋友，獲得好的人脈。

錢財如糞土友誼值千金

按理說，無論是人的生活屬性還是社會屬性都決定人需要錢財物質或生存或生活，既然是生活的必須則錢財也就顯得極其重要了，從古到今人們也自然明白此理，國家和家庭無不在尋求國泰民安的幸福生活，這種幸福生活的體現就是國強民富。

幾千年來，天底下的老百姓追求財富幾近於木能，因為錢財是老百姓生活的現實需求，民間語言的「開門7件事，柴米油鹽醬醋茶」就是直接指向錢糧物質。

但為什麼說「錢財如糞土」呢？這是因為人的社會屬性決定了在個人於團體、個人於國家的利益相牴觸的時候，儘管個人與團體的利益是一直的，個人的利益也更應該得到保護，但是在個人選擇的時候，應該選擇團體而不是個人，儘管這種選擇是會對個人有傷害但是卻維護了整體，這就是孟子說的在利義選擇的時候，選仁義而捨利益。

於是，這句話就好理解了：在特定的時候，仁義和錢財相取捨，應該選擇仁義，而對於錢財，此刻則要像糞土一樣捨棄了。

在人際交往中也確實如此，朋友的真情就是無價之寶，勝過所有的金銀財物。請看下面的故事：

在美國的一個小鎮上。有一個夜晚，刮著北風，透著刺骨的寒冷，一對老夫妻步履蹣跚地走在街上。由於夜深了，天氣寒冷，很多旅館不是人已經滿了，就是早早關了門。這對夫妻，又冷又餓，希望儘快找到住處。

當他們來到路邊一間簡陋的旅店，店裡的櫃檯人員充滿歉意地說：「店裡都客滿了。」「我們找了好多家旅店，這樣糟糕的天氣，該怎麼辦呢？」屋外，呼呼刮著寒風，眼看就要飄起雪了，讓這對夫妻非常煩惱。

店裡的櫃檯人員不忍心讓這兩位老人再繼續受凍，他說：「如果你們不計較的話，今晚就住在我的床位上吧！我自己在店裡打個地鋪吧！」

　　櫃檯人員見他們飢寒交迫，又給他們端來熱水和熱呼呼的飯菜，為老夫妻鋪好了床，老夫妻非常感激。第二天，付了雙倍的客房費，這位年輕的櫃檯人員堅決不要。他說：「我僅僅做了一件自己力所能及的事情，讓你們年紀這麼大的人在風雪中，任何人都於心不忍。」

　　臨走時，老夫妻拍著年輕人的肩膀，語重心長的說：「年輕人，只有像你這種特質經營旅店的人，才有資格做一家五星級飯店的總經理。」

　　「如果是這樣就太好啦，呵呵。」年輕人並沒有放在心上，「至少總經理的收入可以讓我媽媽過更好的生活。」他隨口應和道，哈哈一笑。

　　沒想到，兩年後的一天，年輕人收到一封來自紐約的信件，信中夾有一張往返紐約的雙程機票，並邀請他去拜訪一對老夫妻，就是當年睡他床位的那兩位老人。

　　年輕人來到大都市紐約，老夫妻把年輕人領到最繁華的街市，指著那裡的一幢摩天大樓說：「這是一座特地為你興建的五星級飯店，現在正式邀請你來當總經理。」

　　朋友們，這是一個真實的故事，年輕的年輕人因為一次舉手之勞的助人行為，美夢成真。年輕人不僅得到了好的職位，而且得到了別人的信任。年輕人是幸運的，但是他的幸運不是上帝賦予的，是來自他助人為樂的高貴特質。

　　古往今來，有許多慷慨解囊、助人為樂的故事，感動著一代又一代的人。而且，往往是人們不經意的一次相助，或者很隨意的「義氣之舉」，卻為今後的人生埋下了「福根」。

　　在戰國時代，齊國孟嘗君有一個門客馮諼。有一次，孟嘗君派馮諼去薛城收債。馮諼向孟嘗君辭行，並請示：「收完債，您需要買些什麼東西嗎？」孟嘗君順口答道：「先生看我家裡缺什麼，就買些什麼吧！」

　　馮諼驅車來到薛城，派人把所有負債之人都召集到一起，核對完帳目後，他便假傳孟嘗君的命令，免去所有的欠款，並當面燒掉了債券，百姓感激不已，皆呼萬歲。

　　馮諼隨即返回，一大早便去求見孟嘗君，孟嘗君沒料到他回來得這麼快，半信半疑地問：「債都收完了嗎？」馮諼答：「收完了。」「那你給我買了些什麼回來呢？」孟嘗君又問。馮諼不慌不忙地答：「您讓我看家裡缺少什麼就買什麼，我考慮到您有用不完的珍寶，數不清的牛馬牲畜，美女也站滿庭院，缺少的只有『義』，因此我為您買『義』回來了。」孟嘗君不知所云，忙問「買義」是什麼意思。馮諼就把事情經過說了。孟嘗君聽罷心裡很不高興，只得悻悻地說「算了吧！」

　　一年後，孟嘗君由於失寵於齊王而被趕出國都，只好回到薛城。當孟嘗君的車子距薛城還有上百里遠時，薛邑百姓便已扶老攜幼，夾道相迎。孟嘗君好生感慨，回頭對馮諼說：「先生您為我所買的『義』，今天終於看見了！」

　　這個「馮諼市義」的故事，讓我們懂得，民心比金錢更重要。古人云：得民心者得天下，失民心者失天下。民心向背是決定一個政權盛衰興亡的根本因素。推而廣之，人際交往又何嘗不是如此呢？人與人之間，付出真情，講究誠信，比什麼都重要。

成功取決於你交什麼朋友

　　一個人是否成功不完全在於他自己的能力有多強，還要看他認識了多少有能力的人。確實，在當今社會，凡事只靠自己已經很難讓人獲得成功了，只有朋友越多，才越容易獲得成功。

　　人的一生受到朋友的影響是相當大的，很多人因為朋友而成功，也有很多人因朋友而失敗，甚至因朋友而傾家蕩產，妻離子散。

　　害怕因為朋友而失敗，那不交朋友可以吧？

　　事情並不是那麼簡單，因為沒有朋友，也就差不多無路可走，寂寞一生了，即使你閉緊心扉，還是會有人來用力敲。當有人來敲你的心扉時，你應還是不應？應的話，可能那是個壞朋友，不應的話，可能失去一個好的朋友。

　　因此，你總是要面對「交朋友」這個問題的。交到好的朋友，你可能會受益一生，得到無限的樂趣，至少不會受到傷害。但若交到不好的朋友，不想誤入歧途、不倒楣卻是很難的。

　　一樣米養百樣人。人有很多種，在對待朋友的態度上也有很多種類型，有每天說好話給你聽的；有看到你不對就批評、指責你；有熱情如火、喜歡奉獻的；也有冷漠如冰，只考慮個人利益的；有憨厚的，也有狡詐使壞的……

　　這麼多類型的朋友，好壞很難分辨，而當你發現他不好時，常常已為時晚矣，因此平時的交往經驗極為重要。

　　不過有一種類型的朋友肯定是值得交往的，那就是會批評、指責你的朋友。

　　和只會說好話的朋友比起來，那些只知道批評、指責你的朋友是令人

討厭的，因為他說的都是你不喜歡聽的話，你自認為得意的事向他說，他偏偏潑你冷水，你滿腹的理想、計畫對他說，他卻毫不留情地指出其中的問題，有時甚至不分青紅皂白地就把你做人做事的缺點數說一頓⋯⋯反正，從他嘴裡聽不到一句好話，這種人要不讓人討厭也真難。

但是這種朋友，如果你放棄，那就太可惜了。

基本上，在社會做過事的人都會盡量不得罪人，因此多半是寧可說好聽的話讓人高興，也不說難聽的話讓人討厭。說好聽的話的人不一定都是「壞人」，但如果站在朋友的立場，只說好聽的話，就失去了做朋友的義務了；明明知道你有缺點而不去說，這算是什麼朋友呢？如果還進一步「讚揚」你的缺點，則更是別有居心了。這種朋友就算不害你，對你也沒有任何好處，大可不必浪費時間和這樣的人交往。

但實際上的情形如何呢？很多人碰到光說好話的朋友便樂陶陶，不知是非了；其實他們順著你的意思說話，讓你高興，為的就是你的資源──你的可以利用的價值，很多人被朋友拖累就是這個原因。

比較起來，那些讓你討厭，像隻烏鴉，光說難聽的話的朋友就真實多了。這種人絕對無求於你（不挨你罵，不失去你這個朋友就很不錯了），他的出發點是為你好，這種朋友是你真正的朋友。

也許你不相信我所說的，那麼想想父母對待子女就會理解了。一般父母碰到子女有什麼不對，總是責之、罵之，子女有什麼「雄心壯志」，也總是想辦法替他踩踩煞車，不讓他脫韁而去。為的是什？是為子女好，怕子女受到傷害，遭到失敗。這是為人父母的至情，只有父母才會這麼做。

朋友的心情也是如此的，愛之深才會責之切，否則他為何要惹你討厭？說些好聽的話，你說不定還會給他許多好處呢。因此，要牢記，只有那些經常批評、指責你的人才是你人生的導師。

再說，對於每個人來說，自己的能力只能做自己能做的事，很多事情是離不開朋友的幫助的，是離不開人脈資源的。人脈資源是一種看不見的祕密武器，在平時，你可能注意不到它，也可能它不會主動顯現自己的力量，可在你需要時，人脈這一可靠資源就會立刻彰顯出巨大的能力，它能幫助你迅速擺脫困境，從而獲得你想要的結果。而且，人脈資源是生意上獲得成功的一條捷徑，如果你認識的人越多，那麼你的生意就會越好做。你的朋友會把你介紹給更多的人，而有人作擔保的情況下，你的事情就會進行得很順利。這是因為人們總是更相信熟人的推薦。

如果你獨自打拚，那麼你頂多只能收穫到自己努力的結果；如果你把自己的能力再加上朋友的幫助，那麼你就能獲得幾倍於自己努力的結果。如果你正在事業的初始階段，那麼就要注意累積人脈資源，因為只有學識和金錢是遠遠不夠的。在創業初期，大家總會遇到很多困難，可是有經驗的人就不會驚慌失措，沒有經驗的人才會覺得這是一件棘手之事。因此在這個時候，你就可以想到自己所擁有的朋友了，有些朋友是在生意場上比較有經驗的，你可以去請教他，從而較快地走出困境。總之，困境誰都會遇到，關鍵是你能不能找到幫你擺脫困境的人。

微軟公司剛剛創立的時候，比爾蓋茲也遇過簽不到訂單的困難，如果再簽不到訂單，產品賣不出去，他的公司就會倒閉。然而，這時卻突然出現了轉機，當時最大的電腦公司 —— IBM 公司與比爾蓋茲簽訂了一份長期合約。就是這份合約讓微軟公司轉危為安，而且發展到了現在，成為全球第一大電腦軟體公司。但在當時，比爾蓋茲是怎麼得到這份合約的呢？原來這多虧了比爾蓋茲的母親，她當時是 IBM 公司的理事會成員。在她的介紹下，IBM 公司才和當時的微軟公司簽了合約。

如果沒有母親的幫助，比爾蓋茲的微軟公司能不能堅持下來還真的難

說。當然，親人是一種人脈來源，但親人的數量是有限的，而朋友的數量是無限的。如果你會交際，就能夠交到無數的朋友，而這需要經常和不同的人打交道，也只有這樣你才能建立起一個充滿機遇和幫助的人際關係網。

常與菁英們在一起

傳說楚國有位擅長看相的人，當時頗有名氣。楚莊王請他來給自己相面，相面的人說：「我並不是擅長相面，只是憑著觀察所相之人結交的是些什麼人而作出評語。平民百姓，如果他結交的人都能孝敬父母、兄弟相善、忠厚謹慎、不犯法令的，那麼這一家必定日漸興旺，生活也必定更加安逸。這樣的人可以說是吉人（有福之人）。當官吏的，如果他結交的都是誠信實在、關懷百姓的人，這樣的人為君主服務，相得益彰，他的官職也往往會不斷升遷。這種人就可以說是吉士。君主開明，群臣皆賢，親近人員都以國為重，君主有失誤都勇於明辨是非，正面提出意見，有了這樣的輔臣，國家一天比一天穩定，君主一天比一天得到尊重，全國也就一天比一天富裕，這樣的君主便是吉主了。我確是沒有相面的本領，僅僅能從被相面人的結交情況推斷而已。」楚莊王說：「不錯。」於是開始招攬四方人才日夜不懈，終於成就了一番功業。

在垷實生活中，你和誰在一起的確很重要，甚至能改變你的成長軌跡，決定你的人生成敗。

和什麼樣的人在一起，就會有什麼樣的人生。和勤奮的人在一起，你不會懶惰；和積極的人在一起，你不會消沉；與智者同行，你會不同凡響；與高人為伍，你能登上巔峰。

科學家研究認為：「人是唯一能接受暗示的動物。」積極的暗示，會對人的情緒和生理狀態產生良好的影響，激發人的內在潛能，發揮人的超常水準，使人進取，催人奮進。遠離消極的的人吧！否則，他們會在不知不覺中偷走你的夢想，使你漸漸頹廢，變得平庸。

積極的人像太陽，照到哪裡哪裡亮；消極的人像月亮，初一十五不一樣。態度決定一切。有什麼態度，就有什麼樣的未來；性格決定命運，有怎樣的性格，就有怎樣的人生。

有人說，人生有三大幸運：上學時遇到好老師，工作時遇到一位好師傅，成家時遇到一個好伴侶。有時他們一個甜美的笑容，一句溫馨的問候，就能使你的人生與眾不同，光彩照人。

生活中最不幸的是：由於你身邊缺乏積極進取的人，缺少遠見卓識的人，使你的人生變得平平庸庸，黯然失色。

有句話說得好，你是誰並不重要，重要的是你和誰在一起。古有「孟母三遷」，足以說明和誰在一起的確很重要。雄鷹在雞窩裡長大，就會失落去飛翔的本領，怎能翱翔藍天？野狼在羊群裡成長，也會「愛上羊」而喪失狼性，怎能叱吒風雲，馳騁大地？原本你很優秀，由於周圍那些消極的人影響了你，使你缺乏向上的壓力，喪失前進的動力而變得俗不可耐，如此平庸。不是有這樣的觀念嗎？大多數人帶著未演奏的樂曲走進了墳墓。

如果你想像雄鷹一樣翱翔天空，那你就要和群鷹一起飛翔，而不要與燕為伍；如果你想像野狼一樣馳騁大地，那就要和野狼群一起奔跑，而不能與鹿羊同行；正所謂「畫眉麻雀不同嗓，金雞烏鴉不同窩。」這也許就是潛移默化的力量和耳濡目染的作用。如果你想聰明，那你就要和聰明的人在一起，你才會更加睿智；如果你想優秀，那你就要和優秀的人在一

起，你才會出類拔萃。

有這樣一種流行的說法：一個人的收入水準，是他平時經常接觸的 5 位朋友的平均數。現實情況的確如此，每個人都會與自己階層相同的人聊到一起，因為他們關心的事情是一樣的，流浪漢往往會與乞丐搶麵包，百萬富翁往往會與千萬富翁喝咖啡。

你的心態、事業走向和你所處的地位，很大程度上都跟你的生存環境息息相關。將來的你，10 年、20 年以後的你，幾乎完全取決於你未來所處的環境。環境改變著我們，決定了我們的思考模式、個人習慣（比如走路姿態、端茶方式、說話的語氣等），以及衣食住行的方方面面。更為重要的是，你的思想、心態和目標，都會深受其影響。

一個人的生活環境、社交圈，對其取得成就，有著非常重要的影響：周圍的人是樂觀的還是消極的，身邊的朋友是經常激勵你進步，還是時常拉你下水，都會影響到你的個人前途。世界潛能大師布萊恩．崔西（Brian Tracy）指出：「在生活中，最好讓你習慣相處的那些人，能夠對你成為理想人物有著積極的影響力。」

當你總是處在一個消極者的生活圈裡，你難免就會成為其消極情緒的感染者；當你處在成功者的生活圈裡，你才可能會留意身邊有價值的資訊，不讓可能的機會從你身邊溜走。因此，你要試著和身邊的那些優秀者多多接觸，學習他們的長處，注意他們在謀劃什麼、如何分析問題以及怎麼克服不良的環境影響。

每個人體內都蘊藏著巨大的潛能，只是它被埋沒著，一旦被外界的東西所激發，就能夠做出驚人的事情來。你需要讓正確的、優秀的人引導你進步，一步一步改掉惡習，建立遠大目標，並且獲得有益的影響和教導。

你要清楚，在你身邊不乏很多優秀的菁英人士 —— 他們要麼在某個

領域取得過出色的成績或者有過賺大錢的經歷，要麼才智非凡、背景雄厚，總之你要承認，他們確實比你有優勢。這些優秀者往往有著不為人知的成功祕訣，而你卻並不了解其中的玄機，當然這是因為你平常很少有機會與這些人接觸。書本上學到的東西只是皮毛，能夠經常與這群菁英們「混」在一起，那可真是「聽君一席話，勝讀十年書」了。因此，你要千方百計進入菁英們的生活圈，這樣你就有機會了解他們，弄懂他們所知道的事情。比如，××做這個行業有著怎樣的訣竅，他是如何獲取資源的，他平時是怎樣與客戶打交道的，有著什麼樣的良好習慣……等到你真正領悟之後，行動上自然地與之接近，甚至有一天會具備相同的能力。

　　跟菁英們綁在一起，對你而言絕對好處多多。他們一句微不足道的哲言、一句鼓勵性的話，看似很平常，卻說不定會在什麼時候激發你的潛能，改變你的一生。有很多年輕的鄉鎮企業家開始創業時並不成功，但是在拜訪過大城市的同行後，他們獲得了巨大的動力，是那些城市企業家的成功刺激了他們的進取心。類似的事情還有很多：鄉村醫生到大城市醫院實習後，堅定了自己在醫學界出人頭地的信念；學生們在聽完大師的演講後，心中被點燃了成功的萬丈豪情；默默無聞的運動員與他心中偶像的一次會面，也許會是他運動生涯的轉折點……

　　成功者總與成功者為友，失敗者也總與失敗者為伍，不幸的人吸引不幸的人，散漫者的生活圈裡都是些散漫的人。在與世無爭的生活圈裡生活，你就會缺乏雄心壯志和足夠的成功刺激。總是處在那樣的環境裡，你就無法找到一定的目標來激勵自己，潛能就無法被激發出來。相反，與菁英們在一起，對方會時時感染你、激勵你走向成功。

　　與菁英們在一起，時間長了你自然會變得很優秀；總愛與普通人混在一起，久而久之你也會變得普通。要接近比自己強的人，與他們交往，向

他們學習，與他們一起進步。透過與優秀者交朋友，你會發現成功是有訣竅的。他們能做到，你一樣也能做到。

如果現在你還無法相信自己有賺大錢的能力，只能說明與菁英者的距離還是很遠。正如某位勵志演說家說過的：「你要想成功，第一，必須要幫助成功者工作；第二，當你開始成功的時候，你一定要跟更成功的人合作；第三，當你越來越成功時，要找成功者來幫你工作。—— 般人無法成功，是因為他們基本上都不和成功者打交道，更談不上幫助成功者工作了。」

你想要跟誰聊天？你打算跟誰去吃飯？你將要跟誰套近乎？這是三個很重要的問題。

記住：讓你的身邊都是這樣的人 —— 在某個領域取得過出色成績的人；有過賺大錢、做大事經歷的人；才智超群、學富五車的人；資源豐富、背景雄厚的人……書本上學到的任何東西都只是理論，若能經常跟這群人「混」在一起，你就算是個「潛力股」了。只有千方百計進入有錢人的生活圈，你才有機會弄懂他們的事，比如，做某某行業的潛規則、獲取某種鮮為人知的資源……待到你真正領悟後，創富功力自然突飛猛進，甚至有快速出頭的可能。

有事沒事常常聯繫

有時，收到一個朋友的祝福簡訊，才想起和朋友已經好些日子沒聯繫了。靜下心細想，其實疏於聯繫的朋友不止他一人，有不少朋友都是很久沒有見過面或聊過天了。為什麼會這樣呢？是工作太忙碌嗎？再忙也不至於這樣呀！其實，我早就發現自己漸漸疏於和朋友聯繫了，無論是現實

中的還是網路上的，都是如此。有時雖然想到好久沒和某個朋友聯繫了，想打個電話或者發個訊息過去問候一聲，但要麼當下想到的時候正在忙著其他事情，而等忙完了之後又忘記要和朋友聯繫的事了，要麼就是想到的時候，時間不太適合，不方便打電話或者發訊息，於是自然也就不了了之了。時間長了，就變得越來越懶於聯繫，想著反正也沒什麼事情，但我知道心裡其實還是惦記著的。

　　如果除去最親密的家人，好朋友絕對是你人際網路上最溫暖、最貼心、最有人情味的連結。正因如此，人們往往認為既然是好朋友，彼此間已相當熟悉，也很隨意，沒必要像其他人際關係那樣苦心經營，不需要經常聯繫。這是一種認知上的謬誤。這樣的想法其實很不好，會讓朋友之間的感情在這樣有意無意的懶散中慢慢變得淡漠、疏離，現代人的生活本來就庸庸碌碌，即使是很好的朋友之間見面聚會的機會也不會很多，所以平時聯絡感情的多半是靠電話或者簡訊，而一旦連電話這樣的聯繫都少了，那日子久了，難免會讓原本牢靠的友情也變得有些鬆懈，如果真的因此而影響了彼此間的感情，那真的是很可惜的事情。畢竟人與人的相識是緣分，而能做朋友更是難得的緣分，尤其是知心朋友，所以再忙，也不能忘了聯繫，忘了彼此溝通感情。只有適時的溝通，才能讓彼此了解各自的生活狀態，在適當的時候，給與朋友間的安慰、幫助和鼓勵等等，才能讓友誼之樹常青。

　　我想，我們中的許多人遇到過這樣的狀況：當你遇到困難需要別人幫忙的時候，你的腦子裡可能很快想到了某個朋友，你認為這個朋友可以幫你解決你遇到的問題，於是你想立刻打電話找到他幫忙，卻在撥打電話的時候突然想起，你已經很久沒有和他聯繫了，甚至在應該去看他的時候都沒有去，那麼現在你自己有事了就想到去找他，他會不會覺得你只是在需

要他的時候才把他當朋友呢？會不會因此而拒絕自己的請求？會不會覺得自己是個喜歡利用別人的人……這個時候你可能會想很多，然後在後悔不該在平時疏於和朋友聯繫的同時，也掛掉了那個還沒撥完的號碼，因為你覺得不好意思這麼唐突地去找朋友了。

所以說，不經常保持聯繫只會讓好朋友間關係漸行漸遠、關係淡化、終至於無，使最初的好友變成最終的陌路人。想想當初由陌生人遞進成好朋友的不易，真不應該讓這種關係逆行。其實，好朋友間只需要有事沒事經常保持聯繫，友誼之花便可長開。

下面這個故事從反面說明了好朋友間經常保持聯繫的重要性：

小茹和小桂上大學時是同班同學，而且住一個宿舍，每天形影不離，關係好得像連體嬰。同學們都笑稱她們是「砣不離秤，秤不離砣」。畢業之後，由於小桂去了高雄，小茹留在了臺北，所以她們之間的聯繫漸漸少了，小茹只是偶爾打電話給小桂問候一聲。後來，由於工作越來越忙，有時候好幾個月小茹都忘記打電話給小桂。再後來，小茹結婚了，當媽媽了，她和小桂之間的聯繫幾乎中斷了。

雖然有時候，小茹在翻畢業紀念冊時偶爾能夠想起小桂，但對她的印象已經開始模糊了。而且潛意識裡也不太想再重拾那段友情，或許是因為照顧家庭已經力不從心，或許是因為工作已經精疲力竭。

有一次，一位同學給小茹帶回了小桂的消息和新的聯繫方式，並轉告她說，小桂希望小茹有時間能給她打個電話。可是，忙於照顧孩子和工作的小茹一轉眼便把這件事情忘記了，而同學帶給她的小桂的聯繫方式也不知被她遺忘在哪了。就這樣，她和小桂之間徹底中斷了聯繫。一對好友最終卻天各一方、不通消息。我們在為她們遺憾之餘，也要吸取教訓，珍惜友誼，經常和自己的好朋友保持聯繫。

之所以舉上面這樣的例子，只是想說明平日裡朋友之間保持聯繫的重要性，雖然我們和朋友交往不是為了在需要的時候找其幫忙，但真的有事的時候，如果能有朋友的照應和支援，總還是多了一份力量去解決問題的，相信朋友在這個時候也不會吝嗇於為你出一份力的。再說了，朋友間的幫助，本來就是相互的，今天他幫助了你，下次說不定就是你幫了他了，而兩個人之間的感情，不也會在這樣的互幫互助中得到更進一步的加深嗎？

　　我們活在這個世上，不可能光憑一個人的力量在外面闖蕩的，這一路上，我們的身邊需要親人的支持，也需要朋友的支持，所謂多一個朋友多一條路嘛。而如果想有朋友一路陪著自己，那就要在平時多關心幫助朋友，多和朋友保持聯絡，這些對你來說也許只是舉手之勞的事，卻在無意中「儲蓄」了朋友對你的感情，會讓他們感覺到你的真誠與真情。也許你不求回報，但是不能否認，在我們想起朋友或被朋友惦記的時候、在我們幫助朋友或者被朋友幫助的時候，我們都是快樂的。

　　所以，無論何時何地，都不要忘了常和朋友保持聯繫，哪怕沒什麼事，哪怕只是短短的一句問候，也會讓朋友在收到問候的時候心裡暖暖的，因為被人記掛的感覺很美很幸福。

　　想要愛自己，必須先學會愛別人，同樣的道理，想要讓朋友想著你，你得學會先想著朋友！所以呢，對於朋友，我們應該要學會說這麼一句：嗨，朋友，有事沒事常聯繫哦！

　　現代人的生活離不開社交活動，而這些形形色色的活動，必定要花費大量的時間。如果為了節省時間而完全遠離社交活動，是一種因噎廢食的愚蠢做法。當然，如果把自己的時間全部花在和朋友遊玩、談心上，那也就根本沒有了自己的私人空間，也是不值得的。因此，我們提倡有事沒事

常聯繫，是一種增進友誼、積聚人脈的方法，並不是要你終日混跡於狐朋狗友之間而不做自己的事情。

要怎樣保持聯繫呢？有專家提出個一些建議可供我們參考：

◆ **與好朋友經常碰面**：好朋友如果與你生活在同一個城市，那麼經常見面是最好的聯繫方式。不妨在下班後、節假日約三五個好友小聚，喝喝酒、吃吃飯、聊聊天、敘敘舊、訴訴苦。不但可以給心靈一個停泊的港灣及難得的愉悅，還能加深彼此的感情。

◆ **給好朋友打電話**：如果好朋友生活在另一個城市，或者即使與你同居一城但彼此很忙，那麼打電話就是最方便的聯繫方式。

◆ **給好朋友發簡訊**。簡訊的好處是，可以表達某些當面或電話裡不便說出的話，尤其在與好朋友發生矛盾、產生誤會之後。一個簡訊，就可以讓好友之間的誤會消於無形，使大家繼續保持良好的關係。

◆ **寄明信片和問候卡**：現在人們已經懶於寫信了，不過在特別的日子給朋友寄些卡片還是比較容易的。明信片篇幅是有限的，你可以把注意力放在反面的畫面上，然後隨意寫點東西。你可以在提包裡或公文包裡放上幾張貼了郵票的明信片。當你在公車上，在醫院休息室裡等候，或者任何靈感到來的時候，你可以寫成一段詼諧有趣的話，然後寄給朋友，給他（她）一個驚喜。

◆ **寄照片給朋友**：一定要挑選那些生動的特定鏡頭，清晰得足以展示某些細節。每一張照片要能把你的一段故事告訴你的朋友。

◆ **郵寄實物**：也許商店裡琳瑯滿目的商品讓你無從選擇，並會讓你覺得，如果將它們寄給朋友顯得毫無新意。這時你不妨發揮一下你的想像力和靈感，把一些別人意想不到的東西寄給朋友，讓他（她）開心之餘還大開眼界。比如，一個含蓄內向的自然科學家寄給他的朋友幾

片樹葉和幾朵已經枯萎的稀有花朵，使收到禮物的朋友驚喜地叫出聲來；以謳歌身體強壯而性情沉默的漁夫捕獲到了一條特大魚，他刮下最大的幾片魚鱗用快件郵寄，讓他的朋友看到後羨慕得嫉妒。還有一個美食家從一個著名的飯店寄給朋友小菸灰缸、火柴和菜單。

◆ **寄禮物**：也許你會在商店的櫥窗裡看到一件標價僅為 30 元的小物品，然而確是寄給朋友的最好的禮物，你就該馬上為他（她）買下這件禮物，立即寄出，而不必考慮一定要在特殊節日。

請充分利用現代化的通訊設備，有事沒事與朋友常聯繫，讓電話、簡訊成為連繫你和朋友之間情感的紐帶。

多照照朋友這面「鏡」

朋友是一種人脈資源，不僅能在你需要幫助時伸手扶你一把，而且在相互交往中能使你學到許多東西，從人脈資源中獲得一種受益終生的「人生資源」。在與人交往中，我們可以學到以下三個方面的知識和經驗。

首先，透過與朋友的交往，你能夠更加深入全面地了解社會。生活在社會中的人們要在這個社會中生存發展，就必須了解這個社會。我們習慣於從日常生活中了解這個社會，從別人的生活經驗、書報雜誌和傳播媒介中了解社會。僅僅從生活體驗中獲得社會知識，其知識面非常狹窄，會使我們難以做出準確的判斷，這無疑是井蛙窺天。報紙和其他傳播媒體所提供的也只不過是一張「地圖」，地圖的描繪畢竟與活生生的現實存在著千差萬別。像這樣由較狹隘的個人經驗塑造出來的世界觀，隨著人脈資源的擴大，有可能慢慢地得到修正。

其次，透過與朋友的交往，你能夠更加深入、全面地了解自己。以為

自己最了解自己，是每一個人都容易犯的一個錯誤。事實上，我們對自己的了解極為有限，幾乎無法具體地描述自己的個性、能力、長處和短處。一般，人們所認為的「這就是真正的自己」，通常只看到「有意識的自我」和「行動的自我」，而這些僅僅只是自我的一部分而已。

全面地認識自己的唯一辦法就是拿自己與周圍的人比較，或者從與人的交往中逐漸看清楚別人眼中的自己。人們有時候必須在多次受到長輩的斥責和朋友的規勸之後，才能恍然大悟，真正達到自知之明。「以人為鏡，可以明得失。」失去了別人這面鏡子，你將無法知道自己是什麼樣子。

貞觀年間，魏徵是唐太宗手下的一名能夠犯顏直諫的臣子，即使太宗在大怒之際，他也勇於據理力爭，從不退讓。

貞觀十六年魏徵病逝，太宗親自弔唁感嘆道：「夫以銅為鏡，可以正衣冠；以古為鏡，可以知興替；以人為鏡，可以知得失。我常保此之鏡，以防己過。今魏徵殂逝，遂亡一鏡矣。」正是魏徵等忠耿臣子的幫助，唐太宗才開創了唐初的貞觀盛世。

最後，透過與朋友的交往，你能夠更加深入、全面地了解人生。漫漫人生旅途中，每個人無時不在受著他人的影響，這些人可能是父母、親友，也可能是自己的上司和同事。從他們身上，我們不僅可以更全面地認識自己，而且可以更好地了解整個社會，同時也會從他們的生活態度中了解人生的另一個側面。

「三人行，必有我師」，身邊的每一位朋友甚至路人，他們其實都可以成為我們人生中的老師，因為每個人身上都有各自不同的長處。我們要善於取長補短。我們可以從他們的處事、思考的角度，甚至一個細微的動作或表情，學到人生中細微的知識，這些是書本中學不到的「真金」。

在朋友中，有一些社會菁英是我們的「大人脈」，理應珍惜，但還有更多普通平凡的朋友，他們雖然暫時沒有「發跡」，我們同樣要珍惜這些「小人脈」，以免造成「平時不燒香急時抱佛腳」的後果。

在清朝萬曆年間，京城裡有一家銀樓生意十分紅火。掌櫃岳廣才是一個好交朋友的人，每當有人求助他時，凡是他能辦到的都盡力幫忙。因此，上至達官貴人，下至三教九流，岳廣才結交了不少朋友。在岳廣才的朋友中有一個人叫蔣玉平，是一個唱花旦的戲子。岳廣才的夫人見丈夫和蔣玉平來往非常密切，就勸諫丈夫和這個人少些來往，因為那個朝代戲子的社會地位極低，夫人怕丈夫和這樣的人來往影響了名聲。岳廣才卻反駁說：「蔣玉平雖為戲子，但為人仗義直爽，這樣的人不可不交。」於是繼續和蔣玉平來往。

幾年之後，岳廣才的銀樓遭遇了一場不幸 —— 衙門在他的店裡搜出了一個皇宮裡丟失的寶物。當時岳廣才並不知道這個寶物是皇宮所丟失的，只當是普通的玉器收買過來的，誰知因此惹了大禍。不久岳廣才被抓到了大牢裡。

岳廣才的夫人眼看丈夫遭到這樣的變故，心中十分愁苦，但後來想到丈夫平日裡那麼多朋友，應該有人能幫上忙，於是一一向他的朋友們求助。可是大家都覺得這個案子牽涉到皇宮，一定很嚴重，所以都不敢插手幫忙。夫人無奈之中突然想起丈夫的好朋友蔣玉平，這個人雖不在自己眼裡，問問他或許能獻一策。誰知蔣玉平得知這事後一口應承下來，要夫人放心，他一定盡自己所能為朋友開脫。

蔣玉平雖為戲子，卻認識不少達官顯貴和江湖義士，他透過幾番周折，終於協助官府把一個慣於偷盜皇宮內院的盜賊緝拿歸案，岳廣才和相關人等也終於被平安釋放了。

在岳廣才患難之時，他的許多顯赫朋友幫不上忙，而一個卑微的戲子卻救了他的命，這件事本身透出了人世的炎涼，也同時告訴我們：「大人脈」不一定非是我們所認為的大人物，有時候一個平凡的小人物或者被人認為的「多餘人脈」，在關鍵時刻常常能扭轉我們的命運。

朋友沒有地域和年齡限制。不同地域的朋友相互交往可以相互了解各自的風俗習慣、人生態度，不同年齡的朋友可以相互訴說人生經歷，達到資源共享。

所以說，朋友是你的一面鏡子，透過朋友不僅可以了解自己、了解社會、了解人生，還可以學到很多東西，這對於啟發靈感及增添智慧不無幫助。

構建朋友網天下皆識君

構建自己的朋友網，說明白了，就是累積自己的人脈。

其實，每個人都有一套累積人脈的方式，但是，如何才能有效地構建自己的朋友網？有專家指出，要構建自己的朋友網有許多技巧，不過前提是必須具備「自信與溝通能力」。以自信心來說，你的舒適圈有多大就有多大的自信心。一個沒有自信的人，舒適圈很小，總是怕被拒絕，因此不願主動走出去與人交往，更不用說要拓展人脈了。

除了自信，還要有溝通能力，就是了解別人的能力，包括了解別人的需求、渴望、能力與動機，並給予適當的反應。如何了解呢？傾聽是了解別人最妙的方式。

高陽描述「紅頂商人」胡雪巖時，就曾經這樣寫：「其實胡雪巖的手腕也很簡單，胡雪巖會說話，更會聽話，不管那人是如何言語無味，他能

一本正經，兩眼注視，彷彿聽得極感興味似的。同時，他也真的是在聽，緊要關頭補充一兩語，引申一兩義，使得滔滔不絕者，有莫逆於心之快，自然覺得投機而成至交。」

適時讚美別人也是溝通妙法。美國「鋼鐵大王」卡內基，在 1921 年付出一百萬美元的超高年薪聘請一位執行長查爾斯·施瓦布（Charles Schwab）。許多記者訪問卡內基時間：「為什麼是他？」卡內基說：「因為他最會讚美別人，這也是他最值錢的本事。」甚至，卡內基為自己寫的墓誌銘是這樣的 —— 這裡躺著一個人，他懂得如何讓比他聰明的人更開心。

「人類本質裡最深遠的驅策力，就是希望具有重要性。」美國哲學家約翰·杜威說。想想，你的老闆多久沒有讚美你了？你又有多久沒有讚美你身邊的朋友了？

這是累積朋友人脈的經典之談，那麼，我們在生活中要如何具體執行呢？筆者總結出以下幾條供大家參考：

▌熟人介紹：擴展朋友鏈條

根據美國人力資源管理協會與《華爾街日報》共同針對人力資源主管與求職者所進行的一項調查顯示，95％的人力資源主管或求職者透過人際關係找到了適合的人才或工作，而且 61％的人力資源主管及 78％的求職者認為，這是最有效的方式。前程無憂網也曾經做過「最有效的求職途徑」調查，其中「熟人介紹」被列為第二大有效方法。

所以，根據自己的人脈發展規劃，可以列出需要開發的朋友對象所在的領域，然後，就可以要求你擁有的相關人脈協助尋找或介紹所希望認識的目標朋友，創造機會採取行動。

▌參與社團：走出自我封閉的生活圈

　　想要擴展公司、部門以外的朋友，擴大交友範圍，借助「虛擬團隊」的力量很重要，即透過社團活動的開拓來經營人際關係。在平常，太過主動接近陌生人時，容易引起對方的反感，會遭到拒絕，但是透過參與社團活動，人與人的交往將更加順利，能在自然狀態下與他人建立互動關係，擴展自己的朋友網路。而且人與人的交往，在自然的情況下發生往往有助於建立情感和信任。

▍利用網路：廉價的人脈通道

　　一位在一家中型企業做銷售部經理的朋友，閒暇時喜歡上網，而且建立了自己的部落格，一有時間就將自己在商場打拚的體會、經驗、教訓、甘苦貼在網路上。有一次，在瀏覽部落格網頁時，他發現一篇很精彩的文章，讀完之後，發表了自己的讀後感以及對文章的肯定和讚美。這樣一來一往，他和作者建立了很好的「文緣」，四個月後，他們相約見面，交談甚歡，對方邀請他到自己的企業去工作。原來，這位網友竟然是這位朋友所從事的行業中第二大企業的老闆。現在，他已是這家企業營銷部門的副總經理。由於他們在網路上毫無保留的交流，對對方的價值觀、愛好興趣、處事能力等已經有透徹的了解，所以，他與老闆相處得很融洽。他還利用網路在不同地區結交了 20 多位知心的朋友，此舉大大促進了他業務的開展，朋友資源的延伸取得突破性的進展。

▍處處留心皆朋友：學會溝通和讚美

　　想為一名成功的人士，要善於學會把握機會，抓住一切機會去培育人脈資源與關係。比如參加婚宴時，你可以提早到現場，那是認識更多陌生人的機會；參加活動，要多與他人交換名片，利用休會的間隙多聊聊；在外出旅行過程中，善於主動與他人溝通等。

記得俞敏洪老師講過這樣一句話：你要想知道你今天究竟值多少錢，你就找出身邊最要好的 3 個朋友，他們收入的平均值，就是你應該獲得的收入。

「有緣千里來相會」，人是有緣分的。一次短暫的聚會，或者一次偶然的邂逅，這都是上天給我們安排的隨緣機會，只要我們搶抓機遇，善於表現自己，而又理解他人，一見鍾情的緣分就會降臨，你的人生或事業也可能從此就會與眾不同。

管理好朋友運氣自然來

在紛繁的大千世界，人是形形色色的，管理朋友不是一件容易事。「萬兩貢金容易得，知心一個也難求」的老話，是舊社會人們極言交友之難。但是，總不能因為難因此就要少交朋友了吧？或者一強調交友的審慎，就認為這個也不可靠，那個也不信過呢？當然不是，人既然是社會的人，處在各種社會關係之中，交友是必然的，不但要有生死與共、患難不移的朋友，也要善於和有這樣那樣的缺點錯誤甚至是反對自己的人交朋友。這就是說，要善於管理好自己的朋友。

怎樣管理自己的朋友呢？我認為首先要將朋友分門別類，即分等級。

朋友相交以「誠」，此乃至理，人人都懂，那為何又要分「等級」呢？分了等級，那不就不誠了嗎？

其實將朋友分了等級，未必就是不誠。先聽我講一個故事：

古時有個地方紳士，朋友無數，三教九流都有，他常向人誇耀，說他朋友之多天下第一。年輕舉人任某也是他的「朋友」之一。任某問他，朋友這麼多，都同等對待嗎？

他沉思了一下說：「當然不可以同等對待，要分等級。」

他對朋友分等級，作了如下的解釋。他說，他交朋友都是誠心的，不會利用朋友，也不會欺騙朋友，但別人來和他交朋友卻不一定都是誠心的。在他的朋友中，人格清高的朋友固然很多，但想從他身上獲取利益、心存壞意的朋友也不少。

「對心存壞意、不夠誠懇的朋友，我總不能也對他推心置腹吧？」這位紳士如是說，「那只會害了我自己呀！」

所以，在不得罪「朋友」的情況下，他把朋友分了「等級」，計有「刎頸之交級」、「推心置腹級」、「可商大事級」、「酒肉朋友級」、「點頭之交級」、「保持距離級」等等。

他就是根據這些等級決定和對方來往的密度，和自己心窗打開的程度。

「我在外做官時就是因為把所有人都當成好朋友，受到了不少傷害，包括物質上的傷害和心靈上的傷害，所以才會選擇把朋友分等級。」他補充說。

在今天，把朋友分等級，聽起來似乎太過現實無情，但聽了那位紳士的話，分等級的確有其必要——為了保護自己免受傷害。

人脈專家分析說，要把朋友分等級，其實不容易，因為人都有主觀的好惡，因此有時會把一片赤心的人當成一肚子壞水的人，也會把凶狠的狼看成友善的狗，甚至在旁人點醒時還不能發現自己的錯誤，非得到被「朋友」害了才大夢初醒。所以，要十分客觀地將朋友分等級是十分難的，但面對複雜的人性，你非得自己把朋友分門別類對待不可。心理上有分等級的準備，交朋友就會比較冷靜客觀，可把傷害減到最低。

而我們大多數人認為，要把朋友分「等級」，對感情豐富的人可能比

較難，因為這種人往往在對方尚未把你當朋友時，他早已投入感情；而且把朋友分等級，在他看來會覺得有罪惡感。

不過，任何事情都要經過學習，都有一個過程，慢慢培養這種習慣，等到了一定時候，自然熱情冷卻，不用人提醒，也會把朋友分等級了。我有一個文友，是個十足的性情中人，交友廣泛，而且都是以誠相待，從無半點欺瞞。後來卻一次又一次受到朋友的傷害，有一次竟差一點要跳樓自盡，因為傷害她的這個人，是她多年的閨閣密友 —— 那種無話不談的鐵姐妹。她想不通啊！她之前堅決反對朋友要分三、六、九等之說，由於這件事發生後也就慢慢接受了這種觀念。

至於要怎樣將朋友分等級，可以像前述那位紳士那樣細緻，也可簡單地分為「可深交級」和「不可深交級」。可深交的，你可以和他分享你的一切；不可深交的，維持基本的禮貌就可以了。

另外，也要根據對方的特性，調整和他們交往的方式。但有一個前提必須記住，不管對方智慧多高或多有錢，一定要是個「好人」方可深交。也就是說，對方和你做朋友的動機必須純正。不過人常被對方的身分和背景所眩惑，結果把壞人當好人，這是很多人無法避免的錯誤。因此說對待擇友和交友我們都要保持慎重。

當然，如果你目前平平淡淡或失意不得志，那麼不必太急於把朋友分等級，因為你這時的朋友不會太多，還能維持感情的朋友應該不會太差。但當你有成就了，手上握有權和錢時，那時候你的朋友就非分等級不可了，因為這時的朋友很可能有不少是另有所圖的，他們可能不是真心與你交友。所以說，為了人脈的純潔，你還是將朋友分等級比較妥當一些。

第四章
找到助你上青天的那個「貴人」

貴人，顧名思義，就是高貴的人，有影響力的人。凡人事遇到貴人，則自然逢凶化吉，錦上添花，誰不期望？故而，人們把幫助自己實現夢想的人，都稱之為「貴人」。諸如蕭何推薦韓信給劉邦，張良橋上遇見老叟，皆是貴人顯現的實例。然而，你是否能遇到「貴人」的賞識與提拔？其實，真正的貴人，就在你的身邊，而且不用花錢，不用奴顏婢膝，不用行賄鑽營，只要你有能力，有人脈，即可輕而易舉地找到，你準備了嗎？

人生離不開「貴人」相助

　　人們常用「貴人」表示對地位尊崇的人的尊稱。有時也稱呼對自己有很大幫助的人做「貴人」。古籍、演義中的很多事例顯示，與貴人相遇可以給人帶來好運，不少人的成功都是離不開貴人。比方說，「成也蕭何，敗也蕭何」中的蕭何，對未遇明主之前的韓信來說，就是貴人；敗走華容道的曹操，看到關羽那不就是見到貴人了嗎？

　　一個創業者的成功主要靠什麼？知識嗎？非也！創業成功主要依靠的是自己的人脈資源，而人脈資源的作用力是無窮無盡的。成功學之父卡內基說過，成功＝ 15％的技能＋ 85％的人脈。而如果你善於經營，把你人脈網中的每一個人經營成你的貴人，那麼你的資源會更豐厚，對於未來的成功也就更有保障。

　　巴菲特取代比爾蓋茲成為世界首富，讓人豔羨不已，每個人也都常常津津樂道於他獨特的眼光、獨到的價值理念和不敗的投資經歷，他在股市中彷彿擁有上帝之手，人們還特別關注並希望參與他的午餐活動，「巴菲特的午餐」甚至拍出天價。那麼，你知道巴菲特成功之關鍵在哪裡嗎？

　　其實巴菲特的成功離不開他的大貴人班傑明‧葛拉漢（Benjamin Graham）的傾心扶持。巴菲特原本在賓州大學攻讀財金和商業管理，但為了擁有真材實學，他費盡周折轉學到哥倫比亞商學院，拜師於著名的證券分析師——班傑明・葛拉漢。大學畢業後，巴菲特放棄了待遇優厚的工作，不計報酬地繼續跟隨葛拉漢學習投資。在自身的不懈努力和葛拉漢的悉心傳授下，巴菲特終於將老師的投資精髓學成。後來巴菲特創辦了自己的公司，並獲得了極大的成功，被人們稱為「股神」。

貴人除了能給予你扶持與推助，在你危難之時，更是能夠為你力挽狂瀾，助你走出困境。

絕大多數的創業者都非常注重人脈的經營，但把人脈網中的每一個人都經營成貴人的意識和行動力還是不夠，況且讓朋友、親人、鄰居、同事等熟識的人成為我們創業道路中的貴人並不稀奇，我們還需要把我們的貴人網範圍擴大到身邊的每一個陌生人，包括社會地位、工作職位比你低的人。要看你的貴人網有多寬，就看你的社交半徑有多長。我們身邊生活著成千上萬的陌生人，而陌生人就是還未認識的貴人，那是何等豐厚的資源？何愁萬事不興？

貴人相助是成功的前提。當然沒有貴人，也許會成功，但花的時間會更長，成就也可能會很小，是金子是會發光，但發光的程度是不同的。貴人只是你成功的基石，往後還必須靠自己的能力，孔明再神機妙算也扶不起阿斗。

善於發現身邊的「貴人」

自古就有成大事者必有貴人相助之說。對於創業者而言，更是少不了貴人的幫助。

沒有貴人班傑明‧葛拉漢的傾心扶持，巴菲特不會成為取代比爾蓋茲世界首富位置的「股神」。可以說，貴人就是我們生命中的「天使」！

然而，許多人總認為貴人遠在千里，只可遇而不可求。其實，貴人就在我們身邊，是出現在我們生命中的每一個人。

如今，創業者都知道人脈非常重要，卻往往忽視特別緊要的一點，就是人脈中的每一個人都有可能是自己的貴人。因此，每一個創業者都要建立一個新的理念，這就是，要把身邊的每一個人經營成自己的貴人。

一個人的成功不僅僅只是依靠自己，能幫助你上了這個成功臺階或者找到方向的人就是你生命中的貴人，他可能只是給你一句話，一種精神，你就有無窮的動力；「孟母三遷」，孟子的母親就是孟子生命中的第一個貴人；姜子牙遇上周文王，讓「姜太公釣魚，願者上鉤」的典故流傳千古，周文王就是姜子牙生命中的貴人；曾國藩沒有穆章阿慧眼識英才，不能成為權重一時的顯赫人物，穆章阿就是曾國藩生命中的貴人。

人越是處在人生的低谷越是需要貴人相助，高人指點，也越是會碰到自己生命中的貴人，「薑是老的辣」，「老馬識途」，「瘦死的駱駝比馬大」，這些都是對過來人的一種評價；讀萬卷書不如行萬里路，行萬里路不如閱人無數，閱人無數不如明師指路，明師指路不如自我感悟，「紙上得來終覺淺，絕知此事要躬行」，這些說的都是一個人若要成功或者有所成就必須經歷一個階段再上一個臺階，成功有方法，有捷徑，高人指點和自己的感悟能縮短通向成功的距離。

　　無論在職場還是自己獨立創業，都可以取得成功或失敗，但如果有貴人相助，我們就可以更穩健的成長，成熟，成功，做一個幸福之人。所以我們需要善於發現自己成功路上的「貴人」。

　　這個貴人可能是你的親戚，父母，長輩，上司，老闆，同學，朋友，戀人，客戶或陌生人。他們未必能從金錢上支援你，但他們的思路，他們的一句話，常常會讓你茅塞頓開，在危機或困惑時為你指明方向出路。他會給你介紹，或是創造很多其他人沒有的機會，透過他的指點或幫助，你會比一般人更容易成功，更接近成功。甚至敵人、對手、仇家，都可以激發你的潛能，成為你生命中的貴人。

　　許多仇、怨、不平，其實問題都出自你自己。這世間的最好的「報復」，就是用那股不平之氣，使自己邁向成功，以那成功和「成功之後的胸懷」，對待你當年的敵人，並把敵人變成朋友。在我多年的人生歷練中，我曾遭遇了不少的挫折，也遇到了不少的貴人。尤其是在近幾年的生活，使我走向了成熟，邁向了成功。雖然其中經歷了太多的痛苦，但是都無法消磨我的鬥志，反而造就了今天的堅強和自信的我。

　　塵世間事物沒有絕對的一帆風順，沒有絕對的十全十美。有些困境可能恰恰是成功的前提條件，有些缺點可能又恰恰是一種美麗的優點，不經意間鑄就了我另一種人生。它讓我明白了這樣的一個道理，每個人都是你生命中的貴人。你越對生命中發生的事知道感恩，你生命中的幸運就會越來越多，你就會感覺越來越幸福。這讓我想起了「塞翁失馬，焉知非福？」他也應該是我生命中的「貴人」！

　　在現實生活中，你沒有必要憎恨自己的敵人，若深入思考一下，你也許會發現，真正促使你成功的，真正激勵你昂首闊步的，不是順境和優裕，不是朋友和親人，而是那些常常可以置你於死地的打擊、挫折，甚至

是死神。人生在世，不如意事十之八九，但我的內心常想起那些美好的事，也就使我擁有了如此陽光的心態。因為我擁有一顆「感恩」的心，善於發現事物的美好，感受平凡中的美麗，並且能以坦蕩的心境、開闊的胸懷來應對生活中的酸甜苦辣，讓原本平淡的生活煥發出迷人的光彩！

我深有體驗，我生命中有幾個貴人，沒有他們指點迷津和自身的榜樣，我不可能有自己出來創業的勇氣和決心。今天，我還沒有成功，還在創業階段，但我一天比一天好，一年比一年好，成功不是結果，在於領悟和創造的過程，是他們讓我有機會變得更出色更優秀，快樂著幸福著，我從心底深深感激他們。

由此可見，陌生人其實是「喬裝」而來的貴人。所以今後無論你是在飛機、火車、汽車還是在輪船上，都應多發掘你身邊的資源，多與你身邊的陌生人交談，哪怕只是和善地遞上一張名片。而不要漫不經心地翻閱那已經看了Ｎ遍的雜誌，百無聊賴地一次次重複玩遍手機裡的每一種遊戲，或者明知睡不著也一個人寂寥地打瞌睡。

當你做個有心者，饒有興致地和身邊的人們侃侃而談時，這些貌似打發時間的談話其實在不知不覺中已經給你帶來了潛在的機會，說不定坐在對面的陌生老者就是那個可以幫助正在為公司資金短缺而煩惱的你的大貴人呢！再或者你斜對面那個穿著套裝的女士可以成為你的一個大客戶呢！

貴人在哪裡？他就在你的身邊！

想方設法認識「貴人」

總聽人家抱怨，為什麼某人的「貴人」比我多？為什麼他能認識某個知名企業家而獲得更多的機會？為什麼他總能簽到大單，結識更多的人物而獲得快步晉升？其實殊不知，生命中的「貴人」到處都是，很多情

況下都是我們不善於主動尋找或是自己放棄。

如果比爾蓋茲沒有遇上賈伯斯，如果章子怡沒有遇到張藝謀……他們的精彩傳奇也許是另類演繹。

幸運的是，他們在正確的時間、正確的地點遭遇了正確的人，他們都幸運地抓住了貴人這張牌，正是這張底牌讓他們提前出線。

貴人能給你帶來幸運，能給你提供幫助，還能在關鍵時刻為你排憂解難。在這個競爭白熱化的年代，無論你的事業大小，如果沒有貴人相助，你取得成功的機率就會減少。

貴人遠在天邊，近在眼前，人人都盼望遇上一個貴人。每個成功人士都有一套招納貴人的謀略。他們慧眼識貴人，熱誠待貴人，虛心聽貴人。與此相反，失敗的人士卻往往不識貴人，自以為是，小看貴人，遠離貴人。

無論是赤手空拳的創業者，還是快速崛起的明日之星；無論是企業中流砥柱，還是一炮走紅的國際巨星，他們的貴人都是自己創造出來的，是自己透過表現爭取到的。

畢竟，貴人不會提拔弱者，他只會讓強者更強。貴人也不是守株待兔，每個人都可以成為自己的貴人。

由於我們大都是極平凡之人，所以在一般情況下，「貴人」是不會自動找上門的，想認識生命中的「貴人」，必須想方設法去尋找，去接近並贏得「貴人」相助的心。

「貴人」有時就在我們身邊，只是我們難以察覺。從本質意義上講，「貴人」其實就是能幫助你不斷成長的人。比如一位好的主管，他會給你成長鍛鍊的機會，提升你的眼界，更新你的人生態度、激發你自我突破的潛能。而如果你本身狀態已經很好了，只是有一些外在條件阻礙了你的發

展，比如資金匱乏、升遷途徑狹窄，環境一時對你的發展不利等等，這時「貴人」會是一個能幫你排除外在阻礙，給你機會發光發熱的人。

在尋找「貴人」的過程中，儘管你可能是個小人物，時常是拿自己的熱臉貼人家的冷屁股。但這很正常，因為交陌生朋友是要突破底線的，更何況你與「貴人」本身就明顯的「門不當戶不對」。因此有了機會結交他們時，不要抱怨人家不理你，要想著憑什麼他會願意和我交朋友，我給人家帶來了什麼好處。

「看一個人怎麼對待小人物就知道他是不是大人物。」一般都是小人物吃不到葡萄舊說葡萄酸，雖說大人物是從小人物演化發展而來，但只要你留心觀察，古今中外所有的小人物在結交大人物獲得接受和認可甚至賞識以前，多數都有個前提，精心準備了大人物想要的利益和好處。一語中的，平步青雲的爆發力量多來自前期精心的準備和累積。

之所以很多時候別人不認可你的說法，是因為很多時候你說的話沒有重點，根本就不得要領。之所以很多時候人家不給你結識的機會，是因為你還沒有給對方一個充分的結識你的理由。不要抱怨他人不是，應該時刻反省自己不足，方為對自己真正負責的態度。

不過話說回來，都說要主動尋找「貴人」，「貴人」就像機遇一樣，如果真有一天「貴人」降臨，你能不能抓住還是個問題。所以說，除了人際關係的技巧外，更重要的還是要培養自己的內涵。貴人之所以願意幫助你，提拔你，除了愛才惜才，更是看好你未來的發展，也是為貴人自己的未來經營人脈。

也就是說，尋找貴人的最有效方法，是內外雙修。對外，發掘人脈，經營交情；對內，加強自身修為，讓你的成長性能為人所見。在適當的時機，貴人自會出現。

　　歷史上向來把貴人和被賞識者看作同一條船上的人，被舉薦的人如能功成名就，推薦的人也與有榮焉，被舉薦的人若是出了問題，打包票的人也難辭其咎。所以你自身能力越強，成功的可能性越大，被貴人賞識的機率就越高。

　　還要記住的是，貴人不見得僅僅是說你好話的人。那些愛挑剔、企圖打擊你銳氣的人，有時卻能讓你學到最多，成長最快。轉變心態，踏實工作，遠離抱怨，將他們的直言，視為苦口良藥，變壓力為動力。只有這樣，你的貴人圈，才會比別人壯大一倍。

「貴人」多在益友中

　　清代學者包世臣曾撰有這樣一聯：喜有兩眼明，多交益友；恨無十年暇，盡讀奇書。此聯為其在江西做官時而寫。上聯說幸喜自己沒有衰老，要趁耳聰目明時多交好朋友。下聯感慨長年忙於俗務，可惜沒有工夫讀盡少年的好書。

　　確實如此，朋友是人一生中最為寶貴的財富，世界上沒有比這更重要的了。正如有人所說的：「失去一個朋友，你便喪失了一部分生命。」這句話的另一面也是正確的：「如果你能保全一個朋友，那麼你的人生將更豐富，更有價值。」

　　世間上每個人都需要朋友。莊子和惠子，伯牙和子期，管仲和鮑叔……這些都是歷史上朋友的典範，他們的友誼更是為人們所稱頌。

　　但朋友也分益友與損友，益友要多交，損友則避之，歷史上管寧和華歆割席斷交的故事就是一個範例。大千世界，魚龍混雜，友分益損。古人告誡我們：「君子先擇而後交，小人先交而後擇，故君子寡尤，小人多怨，匹夫不可不慎交友」。可見，如何認識和選擇朋友，是很重要的人生課題。

一個人的朋友如何，對自身的發展往往發揮很大的作用，這是一種看不見的潛移默化、薰陶感染的力量。所以古人才說，與善人居，如入芝蘭之室，久而自芳；與惡人居，如入鮑魚之肆，久而自臭。

不過，人本身的品格、修養對交友發揮關鍵作用。古語：「聞過怒、聞譽樂、損友來、益友卻；聞譽恐、聞過欣、直諒士、漸相親。」就是說，聽到別人的批評就發怒，聽到別人的讚譽就快樂，這樣，損害我的朋友就會到來，對我有益的好朋友就會離我而去。而聽到別人的讚譽就驚恐不安，聽到別人的批評就感到欣慰，這樣，正直的好朋友就會主動和我們親近。

把給自己提出意見的朋友看成自己最好的朋友，這是需要度量和胸懷的，一般的人很難做到。古代大凡有道明君都是能夠善待「直諒之士」的，比如李世民對待魏徵。而亡國之君多數是只聽歌功頌德，不能容忍直諫之士，比如夏桀和紂王。

因此，我們在結交朋友時，既要主動地盡量選擇有學問的人，但也不要對學問不如己者不聞不問。

找出你的「衣食父母」

衣食父母，並非一定是親生父母。廠長說，工人是我們管理人員的衣食父母；官員說，人民是我們的衣食父母；商家說，消費者是我們的衣食父母……這是廣義的「衣食父母」，直接點說，那些讓我們有飯吃的而且生活越過越好的人，那些讓我們有事做的而且發揮了所有才能覺得大有前途的人，就是我們的「衣食父母」。

一個平凡之人要想事業成功，有必要找出一位「衣食父母」來，這樣才能讓你少走彎路，或直接走上捷徑。

我有一位在文藝界任職的朋友，他在學校時就和一位老師頗有交情。畢業後，他主動去當老師的助手，後來老師到一家企業服務，他則去讀研究所。拿到碩士學位後，他去找他的老師，老師聘他為祕書。自此之後，老師調到哪裡，他就跟到哪裡。老師的職位一天天高升，他的職位也跟著一天天高升。

另外，有一位從事美術設計的同鄉，在一家雜誌社工作時就跟定了他的總編輯，雖然雜誌社後來解散了，但總編輯的行動仍不時為這位美術編輯帶來好處，讓他在不上班的日子裡仍有工作可接。幾年後，這位總編輯設置一個藝文空間，這位美術編輯當然過去了。現在，他有了房子，有了車子……

這兩個例子都說明了尋找一位「衣食父母」的好處。說穿了，這種「衣食父母」實際上是你人生道路上的「師傅」。「師傅領進門，修行靠個人」，沒有師傅，有時門很難進。當然，你也許不必靠這種方法來成功，但若自認本領不夠高強，同時也有意減少挫折，不妨找個人來跟，跟久了自然能夠出人頭地，很多演藝界人士都是如此。

不過，要找到一位「衣食父母」來跟並不是短短數天能成的，這需要一段時間。因為你看上了某位可能是你的「衣食父母」，對方可不一定願意提拔你、照顧你。你必須在和他共同或往來之間，讓他了解你的能力、人格，也就是要他能夠信賴你。這個過程可能是半年、一年，也有可能是二年、三年，而你不只需要表現，他也許會出難題考驗你。

有一種狀況是，你和你的「衣食父母」分開了，這時你要和他保持聯繫，如果他一時境遇不佳，你也應不時予以關心，否則你和你的關係就會中斷，當他「復出」時，有好的機會也不一定會想到你。

怎麼樣的人才是你的「衣食父母」？以下幾種你可參考：

◆ 有背景的人。不過這種人平常就有很多願意為他效勞的人，你的表現他不一定看得上眼，除非他毫無理由地喜歡你。不過，背景不一定保證他一輩子風光，如果他能力不足，那麼跟隨這種人好處無法持久。

◆ 已經功成名就的人。這種人和前者一樣，除非你有特別的表現，否則你再怎麼「跟」，他還是看不見你。

◆ 有能力有潛力的人。人脈專家告訴你，要跟就跟這種人，這是「潛力股」，一時看不出有什麼好處，但長時間下來必有收穫。但有能力有潛力的人也不一定會飛黃騰達，人的際遇是很難說的，所以你要無怨無悔地跟隨。

從今天開始，好好在你的人脈中尋找一位「衣食父母」吧！只是要記住的是：必須注意從利害關係的層次逐步提升到情感和道義的層次，這樣關係才能長久。

主動擠進成功人士的生活圈

著名的人際關係學家羅伯特‧徹‧清崎（Robert Toru Kiyosaki）曾經說過這樣一名話，「你想要創造多少財富，就接近那些擁有多少財富的人。」這句話意義深刻，簡單理解的話，就是說：只有去和成功人士交往，你才有可能獲得成功。

也許你現在還處於事業發展的階段，你可能覺得自己不夠資格和那些已經獲得成功的人說話，因此，你不自覺讓自己遠離了他們的生活圈，如果你是這麼做的話，那你就大錯特錯了。俗話說得好「物以類聚，人以群分」。如果你總是和那些比你差的人相處，那麼你很難從他們身上獲得力量和經驗來讓自己更好地走下去。

俗話說得好：成功一定有方法，失敗一定有原因。你如果能主動擠進成功人士的生活圈，那麼你不僅可以學到他們成功的方式方法，也可以借鑑他們的經驗，找出你為何不成功的原因。比爾蓋茲連續十幾年成為世界首富，你認為是運氣好還是掌握了經營企業的方法？麥可‧喬丹（Michael Jordan）得過六次 NBA 總冠軍，你認為是運氣好還是掌握了籃球的方法？為什麼我們還沒有成功，沒有到達自己設定的理想境界，有一個原因就是我們缺乏方法。有沒有人天生出來就會經營企業的？有沒有人生出來就會演講？有沒有人生出來就會打籃球？沒有成功者是天生的，所以說世界最成功的人都是靠學習而來的。

而這些人身上共有的特徵是什麼呢？為什麼他們更容易獲得成功？因為他們有人相助，而且幫他們的都是有能力促其成功的大富大貴之人！

一個人想有所成就，就不能受困於自己的生活圈，要跳出來，並且勇於和比自己強的人結交，當自己和已經成功的人接觸後，才會知道成功是一件多麼美好的事情。就像同樣是河裡的鯉魚，但是知道跳龍門之後能變成金龍的鯉魚，總是奮力奮鬥地去跳躍，而那些不知道跳出龍門有什麼、好處的鯉魚還天天在嬉戲玩耍，牠們雖然樂得清閒，但卻永遠都只是一條魚，而那些勇敢奮鬥的鯉魚卻變成了能飛上天的龍。做人也是這個道理，如果你不主動去結交那些成功人士，你永遠都不會知道成功的好處，如果你只是一條道走到底，你可能要很久才能走到路的終點，而如果能有貴人的幫襯，你就可能找到一條通向成功的捷徑。

我們先看這樣一個例子：A 大學畢業的時候打算自己創業，他想開一家仲介公司。當然，在一開始時，辦手續很麻煩，幸而青年創業的有優惠政策，最後公司成功營運。但是，由於 A 剛踏入社會，難免遇到很多困難，經營公司更不是那麼簡單。有一段時間，A 很苦惱，不知道自己的公

司應該如何經營。因此他決定出門散散心，於是登上了去郊區的火車。

在火車上，A 遇見了一位可以說是影響他一生的人 B 先生。B 先生當時手機弄丟了，正在火車上借手機連絡家人來接送，好心的 A 就把手機借給了他，當然結局是好心有好報。這位 B 先生是一家仲介公司的總經理，並且在各地區都有分公司。在火車上，A 和這位 B 先生 ── 路聊到終點站，B 先生給了 A 很多建議，並告訴他，這次他來本地是來開分公司的，問他有沒有興趣負責管理，這次做實地考察希望能有 A 的陪同。A 想了一下，同意和 B 先生一起進行考察。在經過了一個星期的考察加業務聯繫以及選址等工作後，剩下差一些手續，分公司就能開始營運，B 先生再次邀請 A 合作，A 也在這幾天感覺到自己的小公司想要發展到這一步還需要很久，不如來大公司裡多增加點經驗，於是欣然同意。

自此，A 就成了這家大型仲介公司的分公司經理。A 正是結交了這位「貴人」，擠進了成功人士的生活圈，自己也有了更好的發展前途，如果他不主動去結交這位「貴人」，他可能依然面對著自己公司的困境，走不出來，在很多時候，機會就擺在我們面前，就看我們能不能夠把握住。

當一個貧窮的時候，他會想方設法擺脫貧窮，然而擺脫貧窮有很多方法。要麼靠自己努力，當然這是最基本的一條方法；要麼就尋求別人的幫助，這是一條更快成功的方法。貧窮的人都想變得富有，這種希望自己變得富有的人生理想是每個人都曾想過的。如果每個人都安於貧困，那麼就沒有人願意奮鬥，我們的社會也就不能進步了。

有些人只看到了有錢人的成功，他們以為那只是因為這些人運氣好，而自己時運不濟。這些人的想法太簡單了，有哪一個人有著與生俱來的好運氣呢？你回想自己走過的路，難道真的沒有過什麼機遇出現嗎？是沒有出現還是你自己沒有把握住呢？當我們面前出現許多選擇的時候，我們是

選擇了勇往直前，還是選擇了逃避呢？其實，想成為什麼樣的人都是自己說了算的，就算你達不到那個高度，你也可以讓自己有那個深度。

　　一個人想要成功，機會肯定是必不可少的，但是你要有能夠抓住機會的能力；當然智慧也必不可少，但你也要有能夠運用智慧的能力；「貴人」更是必不可少，但你要有讓「貴人」青睞的本事。我們結交成功人士，雖然並不一定要讓他們幫助自己什麼，也不一定依葫蘆畫瓢比著他們的成功之路再走一遍，但是他們的成功經驗卻是憑著我們自身的經歷難以悟出來的。這些經驗可以幫助我們更深刻地理解社會，也可以幫助我們更順利地走向成功。

　　我們想要和成功人士交往，就要付出一定的精力，可能還要付出一定的財力。當然，選擇權在自己手中，可以選擇不去花這個時間，但是就得花更多的時間來做好自己的事，如果能尋求到一些好的經驗或方法，就可以節省更多的時間來發展自我，然後以更快的速度走向成功。如果你渴望成功，就不要害怕和那些成功人士交往，不要以為他們都高不可攀，反而越身處高層的人物，越渴求與別人的交往，而你自己放棄了和成功人士交往的機會，也就相當於放棄了成為成功人士的機會。

　　歐洲首席致富教練謝菲爾曾說過：「要想成功，就要經常和那些已經成功的人打交道，少和一些不思進取的人在一起，儘管這些人為人都還不錯，但是他們對你的成功毫無益處，只會讓你也懈怠下來。」即便現在才開始創業，我們也要擠進成功人士的生活圈裡，不是去阿諛奉承，更不去討殘羹冷炙，而是去尋找能夠開啟命運之門的「金鑰匙」，從而取得和他們一樣的成就。

善待那些「特別的人」

「特別的人」有多種理解，有的是指敬慕的長輩，有的是指心中愛慕的人，而有的是指在生理上長得很「特別」的人。

比如有人是雙瞳 —— 一個眼睛擁有兩個瞳孔，歷史名人項羽就擁有橫的雙瞳，而舜則擁有直的雙瞳；再比如狼顧 —— 狼顧是指人在回頭時，頭部可以扭轉九十度而身體不動，就好比狼在回頭時身子是不動的。秦王政、曹操、司馬懿、句踐都具有此相。擁有此相的人，個性陰險善變，出手狠辣，生人勿近……

網路上有一篇部落格寫了關於司馬懿狼顧之相的傳說：曹操也是一個多疑的人，曹操認為司馬懿是一個優秀的人才，想讓他出來當官，沒想到司馬懿也是一個工於心計的人，他想觀察曹操能不能在中原立足，所以沒有馬上出任，打算暫時先「病」一段時間。曹對此頗為疑心，但也沒有什麼好辦法，幾次去請，就是不來。曹忽然心生一計，如果這小子真的是得了重症，遇到緊急情況必不能動，不如派刺客嚇唬嚇唬他，如果這傢伙跑就是裝病，如果不動就是真病。在一個月黑風高的夜晚，刺客偷偷潛入司馬府，突然出現在司馬病床前，用劍直刺其胸，司馬見狀「堅臥不動」，刺客突然收回利劍，越窗而逃，歸告曹操，如此一來曹操放心了。過了一年，司馬懿看到曹操實力強大，能夠控制北方，就欣然出來重整河山，知道曹操不放心自己，就和太子建立關係，有太子在，就不怕曹操怎麼樣。

小說畢竟是小說，生活中如果有這樣一些「特別的人」，往往有「特殊的才能」，能在生活或事業上幫到我們。

明朝時，有一位遠近聞名的土木建築師。每當有人問及特長時，建築師總是頗為自豪地回答道：「我最長於施工策劃，按照房屋的預想繪圖施

工，根據木材的特點挑選恰當的木料，並且對整幢房子的每個細節瞭然於心，懂得應該分派什麼人去做什麼。」

這天，有位商人朋友來到建築師家裡做客，恰巧僕人進來說床腿壞了一條，於是建築師對僕人說：「等一下你去請個工匠來修理吧！」商人見狀非常吃驚地問建築師：「你天天都和木料打交道，難道連區區一個床腿都不會修嗎？」建築師回答說：「這是工匠才做的事，我不是不會做，而是不屑去做！」商人聽完後沒說什麼，心裡面卻暗暗地想：原來這傢伙徒有虛名，成天趾高氣揚的，卻只是會吹牛、說大話。

後來，京兆尹要修建官衙，便請這位建築師負責督工，那位商人朋友也湊過去看熱鬧。到了工地上，建築師看到地上堆成小山的木料，便從容地根據房子的需要在木料上迅速敲打，根據木材的承受能力，命令眾人把木料分為兩邊：讓拿斧頭的工匠把右邊的木料砍成規定的小塊，讓拿鋸的工匠把左邊的木料通通鋸成規定的尺寸。

在建築師的指揮下，整個工程有條不紊地進行著。建築師將房子的結構圖掛在牆上，詳盡地標出了房子的規格和要求，小到分毫之處都有標記，結果建造出來的房子與草圖要求的規格毫釐不差。商人朋友才明白了建築師的能耐，儘管建築師為人有點傲氣，但是他畢竟是有驕傲的本錢。

後來，當商人答應為一位高官修建別院時，便想到了這位建築師，於是親自登門厚禮相邀，以激將法請其出山，幫助自己完成了這項任務。

從這個故事裡可看出，每個人都像鑽石一樣，有許多不同的面。你不能因為只看到其小面，就去「盲人摸象」地評價某個人。只有經過多方面的了解，你才能給某人以客觀的評價。只要人家在你需要的某一方面有能力，能夠給你的發展提供幫助，那就足夠了，沒有必要非得要求對方在性格、修養、品德等方面都處處完美。

卡內基曾經被譽為人際專家，因為他與許多被認為孤僻、刁鑽得難以接近的人都做了朋友。有人很奇怪地問卡內基：「我真搞不懂，你怎麼能夠忍受那些『怪物』呢？他們與正常人是如此格格不入！」卡內基回答道：「他們的本性和我們其實是一樣的，只是在生活細節上難以一致罷了，我們為什麼要戴著放大鏡去關注這些枝微末節呢？難道一個不喜言笑的人，他的過錯就比一個受人歡迎的誇誇其談者更大嗎？」

確是，我們每個人都是優點與缺點共存、美麗與醜陋俱在的。與人交往時，不妨多包容對方一點。只有學會包容的人，才可以與各種人和諧相處。

《史記》卷六十二〈管晏列傳〉裡面有一篇晏子的傳記。晏子就是齊國的名相晏嬰，「晏子使楚」的故事是大家所熟悉的。晏嬰是五短身材，其貌不揚。可是他有一個車夫，卻長得非常帥，個子高高的，相貌堂堂。這個車夫很有意思，覺得自己替齊國的宰相駕車很風光。而且，他覺得自己的位置很好：每天坐在車前面，駕著高頭大馬，而晏子卻只能在車棚裡面坐著。他覺得車夫這個職業真是太好了！

有一天，車夫回到家裡，發現自己的夫人哭哭啼啼地收拾了東西要回娘家。他吃驚地問道，你要做什麼？他夫人說，我實在忍受不了了，我要離開你。我覺得跟你在一起感到恥辱。車夫大驚，你不覺得我讓你很有面子嗎？他夫人說，什麼叫很有面子嗎？像人家晏嬰那樣身負治世之才，卻如此謙恭，坐在車裡毫不張揚；而你不過就是一個車夫而已，卻覺得自己風光無限，趾高氣揚全寫在臉上！你整天跟晏嬰這樣的人在一起，卻不能從他身上學到一點東西來反省自己，這使我對你很絕望。跟你生活是我人生最大的恥辱了。

後來這件事情傳揚出來，晏嬰對這個車夫說：就因為你有這樣的夫人，我應該給你一個更好的職位。反而提拔了這個車夫。

　　這個故事告訴我們，我們的周圍有很多人，他們的生活方式和他們處世態度，都可以成為我們的鏡子，關鍵是我們自己要做個有心人。

　　我們不妨再看看林肯的一件逸事：

　　南北戰爭時，已是總統的林肯任命了一位有才華的將軍擔任北方軍的主將。不過，這位將軍平常自視甚高，對任何人都是傲慢無禮。有一次，林肯有事去找這個將軍議事，恰好將軍酒醉歸來，聽說林肯在客廳等他，竟然滿不在乎地走上樓，對僕人說：「去告訴他，我累了需要休息，有什麼事情明天再說吧！」

　　將軍的傲慢和狂妄激怒了眾人，人們紛紛要求林肯換掉這位將軍，甚至連林肯的妻子也說：「如果不換掉他，他會更加狂妄和傲慢，還會四處表達對你的蔑視。」

　　然而，林肯卻很平靜地說：「你們都說得很對，但是他確實在戰場上是個天才，如果他能夠天天打勝仗，就是幫他提鞋我也非常樂意。」

　　這句話傳到了將軍耳朵裡，令將軍感動和羞愧萬分。從此他的態度收斂了許多，成了林肯死心塌地的下屬。

　　多一些寬容，你就會多一個朋友。適當的容忍，並且發現和挖掘那些特別之人的優點，會對你的事業發展幫助巨大。

生命中的幾種「貴人」

　　每個人都有成功的方法和途徑，其中，最快的捷徑就是努力爭取得到貴人的幫助。有貴人幫助，成功路上可以事半功倍。貴人是把奮鬥者推向成功的強大力量。爭取貴人的幫助，便能更多地借用外力，縮短與成功之間的距離，節省時間與精力。

每一個人都有自己的夢想和期待，要把這個夢想儘快地變成現實，就離不開貴人的幫助。一個人的力量是有限的，成就夢想也需要付出很多的努力，經歷很多的艱辛，如果有貴人助你一臂之力，你就會容易很多、輕鬆很多。

　　很多人總是抱怨自己的才華得不到別人的賞識，職場沒有遇到貴人，其實也許關注你的人正在觀察你，你沒發現而已。不管是事業剛起步，還是在別人的手下工作，都應該永遠懷揣著理想，不忘為之而奮鬥。然而，想要事業成功，就離不了下面這幾種人：

　　首先，是始終默默在背後支持我們的家人。很多時候，我們忽視了自己的家人，包括伴侶。當我們整日奔波在外的時候，為我們牽掛擔心的就是他們，這時候別忘了向他們報個平安；當我們加班到深夜的時候，始終等著我們回來吃飯的也是他們，這時候別忘了說聲謝謝；當我們在外面遇到挫折時，回到家中得到的依然是理解的目光，這時候別忘了告訴他們自己可以堅持下去。這就是我們的家人，他們永遠都是我們堅強的後盾，不管是貧窮還是富貴，他們都不會棄我們而去。

　　其次，我們需要的是可以在耳旁說出逆耳忠言的朋友。我們有很多朋友，但是勇於說出逆耳忠言的朋友應該還是少數。如果我們周圍的朋友都不會給自己意見或是只會在耳邊說些無關緊要的好話，那麼就應該將他們歸到普通朋友那一類裡了。真正的朋友是可以在我們春風得意的時候，給我們當頭一棒的人；是勇於在我們洋洋自得的時候給我們潑冷水的人。真正的朋友不會害怕說出這些逆耳忠言會影響你們友情，他們相信，一個真正的朋友就應該能聽進去朋友的勸說。

　　再次，我們需要一個強勁的對手。儘管我們希望自己的事業一帆風順，但是如果沒有對手，我們就難以上進。當然，對手也可以是我們人生

中的朋友，只是在事業上處於相互競爭的狀態。三國時，周瑜曾說過，「既生瑜，何生亮！」其實，周瑜也知道，如果沒有諸葛亮的存在，那麼自己的存在也沒有意義。一個成功者最怕沒有對手，如果沒有了對手，就沒有繼續前進的動力。當然，我們需要的對手是一個能力強、素養高的對手，而不是那種喜歡在背後耍陰謀的小人。

最後，我們需要有若干能夠為自己指點人生的前輩。在生活迷茫痛苦時，我們需要有人來為自己打開心結。通常人生意義上的前輩都是閱歷豐富的人，他們的經驗足以幫助我們解開生活迷津，指引我們繼續向前。在事業上遇到困難時，我們需要尋找事業上的前輩來為自己打開一扇新的窗戶。不管怎麼說，有了這些前輩的經驗，我們可以少走些彎路，少犯些錯誤。

曾有人撰文，總結了以下 10 種人，這些都是我們生命中貴人，要懂得珍惜：

- **願意無條件力挺你的人**：人們常說，如果有人願意挺你，他肯定是你的貴人。當他願意無條件地挺你，只因為你是你，他相信「你」這個人，他接受你。一個願意接受我們的人，肯定是我們的貴人。當他知道有小人在你背後中傷你說你的不是，他會挺你，幫你說好話來澄清！

- **願意嘮叨你的人**：因為他關心你，所以他才會嘮叨！因為他在意你，所以他才會嘮叨！他的嘮叨是提醒，在事情發生前，他希望你可以少走冤枉路。

- **願意和你分擔分享的人**：願意陪你一起度過風雨的夥伴，是你的貴人。很多人會在有難時離開你，但是當你有成就時，他們就想要和你一起領功。沒分擔，只要分享。這哪裡可能？可以陪你分擔一切的苦，分享一切的樂，這才是貴人。

- **教導及提拔你的人**：他看到你的好，同時也了解到你的不足之處，他能協助你，提拔你，他不嫌棄你，不是你的貴人，是什麼？

- **願意欣賞你的長處的人**：一個願意發現你的長處、欣賞你的長處、接納你的長處的人，肯定是你的貴人。有些上司雖然發現你的長處，但是他未必可以喜歡及欣賞它，更別說接受它！這關鍵在於他們往往會擔心你會對他造成威脅，特別是當你的長處是他缺乏的。

- **願成為你的榜樣的人**：貴人言行一致，講到就肯定做得到，他們往往不喜歡誇大，常會默默地做，做比講來得多，這種貴人具有實力和謙虛的性格。

- **願意遵守承諾的人**：貴人都只同意自己願意遵守的承諾，因為他們能夠很清楚地知道自己的能力所在，自己能不能全力達到承諾的內容。我並不是說貴人不能改變自己的立場，他們當然可以，只不過每一個決定，都必須經過深思熟慮後才能採取行動。

- **願意不放棄而相信你的人**：如果你問自己是不是對方的貴人，那你是否有好好栽培對方和相信對方？貴人是不會放棄他的組員的，貴人會完全相信他的對方，全力支持他。

- **願意生你氣的人**：如果他還願意生你的氣，你就得感激他。這是因為他還很在乎你。試想想，如果你完全不再愛對方，你會理會他嗎？愛的相反並不是恨，而是冷漠。如果我們恨對方，這動作告訴我們其實自己還是很愛他，如果你對對方所做的一切，一點感覺也沒有，這叫做冷漠，這才是完全不愛了。

- **願意為你著想的人**：如果他願意為你，只因為你是你，那你肯定很幸福，因為他處處為你著想，他是你的貴人。

讓「貴人」來敲門的技巧

　　人們都希望和優秀的人物交談，與成功人士在一起，感受他們的言談舉止，希望從他們身上獲得一些對自己人生有益的信條。可是，主動去結交「貴人」的人太多，而當這個貴人忙不過來的時候，他可能就注意不到眾多人中的你了。因此，如何讓貴人注意到你，這是一個大問題了，也就是說，要怎樣讓貴人來敲門，得有技巧。

　　首先你要有信用，因為信用是做人的根本，一個沒有信用的人，或許他能騙取別人一時的信任，但時間長了，他必然會露出自己的本來面目，沒有人會相信一個不講信用的人。

　　歷史上為人信用的人物很多，比如清朝乾隆年間的梁國志就是。他從小就聰明好學，可是他家裡很窮，父親想讓他放棄學業，做些小生意來養家餬口。梁國志為此苦苦哀求父親，讓他再讀幾年書。街坊鄰居見了，也覺得梁國志不讀書太可惜了，就幫著說情，有的還願意幫他出學費。父親也盼著將來兒子能有些出息，於是就答應讓他繼續學習。

　　村子裡的鄉親們都是忠厚老實的人，心腸很好；雖然都不富裕，還是經常幫助貧困的梁家。全村的人都盼望著梁國志將來能出息，好給他們村子爭爭光。小國志知道，自己一定不能辜負鄉親們的期望，學習也就更加努力了。

　　1741年，年僅十七歲的梁國志就中了舉人；二十四歲那年，他又中了狀元。梁國志在朝廷當了官以後，不忘家鄉父老，經常用自己的俸銀為鄉親們辦事。無論在哪裡當官，他都替老百姓著想，受到老百姓的好評。

　　可以說，正是因為梁國志平時的誠信，老百姓才成為梁國志的「貴人」；正是因為老百姓的善良，梁國志後來又成了老百姓的「貴人」。

要讓「貴人」來敲門，第二就是要有真本事，要讓自己成為「績優股」。貴人不會無緣無故地幫助你，至少要讓他知道你是「可造之材」，貴人才會看上你。

俗話說，「貧居鬧市無人問，富在深山有遠親。」可以這麼說，一個人如果沒有被人利用的價值，他是無法在人際網中站得住腳的。因為人際網中講究的是平等交換，只有你與對方的層次相當，才有交往的理由和條件。因此，要想在社會中保留一席之地，要想累積自己的好人脈為成功搭橋鋪路，你必須把自己培養成「績優股」，從而建立你被利用的價值。

辦公室裡有兩位美女同事，叫小劉和小陳，都是知名大學畢業生。小劉自持學歷高天資聰穎，有點瞧不起手邊的工作，常常在工作時間做自己的事情，三心二意。而小陳對本身工作內容充滿熱忱，做事兢兢業業，待人彬彬有禮。不久，小陳因業績出色而獲得升遷，而小劉卻因幾件小事辭退了。兩個人，抱持不同的態度，從而導致了兩種不同的結果。只要我們善於總結，就不難發現，小劉為什麼慘遭淘汰，是因為她不懂得，一個人生存的先決條件就是能夠滿足他人的需求，能夠被他人所利用。小陳看清楚了這一點，才終於走好了自己的人生之路。

我們每個人都是如此，如果不建立被利用的價值，我們就會在社會中無處安身。沒有人願意理我們，也就沒有貴人願意幫我們。

傑克‧倫敦自幼家境貧寒，但他野心勃勃地為自己規劃了一個成為大作家、用筆改造社會的遠大前程。為了成為作家，他在高中補課一年，然後考入加利福尼亞大學，但因難以支付學費，只讀了半年就輟學了。肄業並沒有動搖他當作家的決心，他改變想法，以社會為學習的課堂，更加孜孜不倦地學習。達爾文、馬克思、尼采等人的作品使他學會思考；莎士比亞、歌德、巴爾札克等人的作品使他學會寫作。他開始寫稿投稿，卻一次

次地被退回。但他並不灰心，生活困難，就靠典當舊物過日子；時間緊湊，白天時間不夠就晚上寫。他勤奮地做筆記，最終，他在 1890 年發表了處女作《給獵人》，後來名著累累，這時候報刊雜誌、出版商等「貴人」都找上門來，他從此成為一名大作家。

傑克·倫敦深深懂得，只有讓自己具有真正的才能，才會有「貴人」相助。他們都是透過刻苦耐勞及不懈的努力，才把自己培養成了人生的「績優股」。他們都知道，需要你的人越多，喜歡你的人越多，你就有越多的生存空間和越大的成功機率。他們的一生足以證明，成功的人物無一不是人們所需要的人。

所以，從現在開始，你就要留心他人的需求，建立你被人利用的價值，把自己培養成一隻貨真價實的「績優股」，時刻準備著讓「貴人」來敲門。

另外，要讓「貴人」來敲門，有時候也要適時用點「心計」。社會太複雜，求「貴人」的人太多，你如果不學會用點「心計」，恐怕很難有機會讓「貴人」看到你的才華。

宋朝時，有人假造韓國公韓琦的信去見蔡襄，蔡襄雖然有所懷疑，但是見這人性情豪放，就送給他三千兩銀子，寫了一封回信，派了四個親兵護送他，並帶了些果物贈送給韓琦。這個人到京城後，拜見韓琦，承認了假冒的罪責。韓琦緩緩地說：「君謨（蔡襄字）出手小，恐怕不能滿足你的要求，夏太尉正在長安，你可以去見他。」當即為他寫了封引薦信。韓琦的子弟對韓琦此舉疑惑不解，覺得不追究偽造書信的事就已經很寬容了，引薦的信實在不該寫。韓琦說：「這個書生能假冒我的字，又能觸動蔡君謨，才氣過人呀！」這人到了長安後，夏太尉竟晉用他做了官。

故事中的人假冒韓琦，雖然是一著險棋，但是畢竟達到了接近貴人的

目的，而且得到了貴人的認可和被提拔的機會，所以此人接下去的道路也就順暢了許多。

從這裡可以看出，要讓貴人提拔你、幫助你有一個大前提，那就是要先讓他認識你，知道你是誰。這個道理很容易理解，故事裡的人也正是憑藉對這一問題的認知才取得成功的。但是在現實生活中，由於種種原因，人們往往精於認知而疏於行動，也就是說，明明知道這個道理，但在行動中卻表現出怯懦或者恐懼。總之，很多人沒有把這個理論貫徹到實際中去，有些人甚至犯了「交際恐懼症」。

之所以會出現這樣的現象，多半是由於一些心理原因在作怪。有的人認為主動去推薦自己有巴結和奉承的嫌疑，覺得那樣做有身分。有的人缺乏自信，怕即使想辦法認識了貴人也無法贏得他們的賞識，所以索性根本就不採取任何行動。還有的人在與貴人的交往中表現得過於謙虛，謙虛到了極點，以至讓貴人對其產生了「這也不行，那也不行」的誤解。這當然對自己的發展極其不利，同時也違背了與貴人交往的初衷。上述這些觀念和做法都會對你與貴人之間的關係產生不利影響，因此都是應該徹底拋棄和改變的。

所以，你在平時就應該多加練習，養成良好、積極的處世態度，這樣才能在想要結交貴人時勇敢地「亮」出自己，從而為以後的交往做好鋪墊。

第五章

關鍵時刻秀出自己

大多數人總是默默無聞地努力工作，期待老闆有一天會發現他們的成績，不料到頭來加薪、升職都離他遠去。現代人一定要懂得推銷自己，積極地向老闆展示你的才華，主動爭取屬於自己的天空。絕不能被動地等待伯樂前來挖掘你的才華，而應適時、適地地在適合的人面前展露專長，Show 出你自己，讓人們認識你，記得你，這樣，你才會有成功的機會。否則，恐怕你只有懷著那不為人知的才華，直到齒牙動搖，年華老去，而遺憾地度過一生。

主動秀出自我風采

一個人不管有天大的本事，如果不為人知，不被人發現，就像地下尚未被開採的煤，深深地埋在地下，永遠也不會有出頭之日，得到人們的承認。在傳統的觀念裡，人們只知道知識的培養，卻不懂得自我表現，如今在這個充滿競爭的時代，如果不善於表現自我，就會被無情的競爭所淘汰，無法獲得成功。

美國有位叫諾曼‧拉文（Norman Levine）的保險明星，據說，他之所以有好的成就和人脈，是因為他經常去培訓班學習和參加研習營。他們彼此都變成非常親密的好朋友，會經常聯絡，有事互相幫忙。這類研習營中，每一位會員都盡情釋放自己的個性，每一個會員都能感受到彼此真誠的尊重，絕對不會因為業績的好壞，而有等級之分。這種研習營，可以激勵與會者，激發出他們更偉大的夢想。在研習營的學習過程中，會員們互相協助培養溝通、領導、公開演講等能力。在這種互助學習的方式下，能力增強了，人脈很自然就建立了。

其二，也是最重要的一點，則在於參加這些交流的人們，很少有人想

到主動「秀自己」。有些人自恃名片上印的「經理」、「主管」之類的頭銜，擺出一副自負、傲慢的姿態，不屑於自我介紹。還有些人覺得，不能給別人留下「太張揚」的印象。於是，他們總是使用「固定格式」或「客套話」，來進行自我介紹，比如：

「我的能力還遠遠不夠。」

「我是剛調過來的新手，還不太了解情況。」

「我沒有什麼值得誇耀的本領。」

「我沒資格進行評論。」

……

你想過沒有，如果總用這種「謙遜」的語言來介紹自己，儘管是不辭勞苦地去參加交流會，又會有什麼作用呢？雖說不能讓自己顯得太傲慢，但在工作方面，過度的謙虛，反而會招致對方的反感。如果你妄自菲薄，認為自己是個「一事無成的人」，那麼對方也不會重視你，只會把你當做一個「不值得看重的人」來看待。

所以，要想增強能力、人脈興旺，就是要在相關場合裡「秀」自己。這種「秀」，就是要著重展示自己的「賣點」，也就是自己「與眾不同的特點和能力」，比如自己的特殊技能、業績和個性等等。這種「秀」，不是自吹自擂，而是努力讓可能需要自己的人知道：我有足夠的價值！

著名的企業家、敦陽科技總經理梁修宗，就是一個喜歡「秀」自己的人。他給自己歸納的「價值符號」就是一句話：「只要跟著我，就有錢賺。」這句話，相當於他自己的「另一張名片」，他經常對人說的，就是這句「只要跟著我，就有錢賺。」人們想到梁修宗，就想起這句話。

平時，梁修宗會想方設法，增加自己「曝光」的管道。他參加EMBA、扶輪社、獅子會等團體，即使像公司內部的福利會、旅遊團、健

身房等，都成了把自己推銷給別人的通道，都是他建立自己形象的機會。

梁修宗認為：千萬不要小看這些機會，在這些團體裡，人們往往可以以最自然的方式交往，也最便於別人記住你的「形象」。

主動秀自己，其實就是為自己營造一種「個人品牌」。畢竟，在這個重視效率的時代，人與人之間，不可能透過長時間的交往去了解對方的價值。很多情況下，你的能力和你的價值，必須要透過你自己的努力傳播出去。當然，你的「個人品牌」必須符實，不切實際的「做秀」，只會讓你在職場裡失去「口碑」。

其實，我們的古人在關鍵的時候也善於秀出自己，比如韓信。劉邦最初沒有重用韓信，這使韓信十分苦悶。他工作沒有熱忱，而且還和一群人犯了法，依照法律，要處以砍頭之刑。執刑那天，當韓信前面的十幾個人都被砍了頭時，他忍不住心中的悲壯情感，面對監斬的人大聲呼喊：「漢王不是要爭奪天下嗎？為什麼要白白地殺掉英雄豪杰呢？」監斬的人聽到韓信的話猛然一驚，覺得奇怪，便對韓信仔細打量一番，發現韓信儀表堂堂，具有英雄人物的氣概，於是將他釋放。在交談中，他發現韓信十分有才華，志大才高，便把他推薦給了劉邦，從此韓信受到劉邦的重用，他的軍事天才也盡顯發揮。

也許有人會說：秀自己也要有能力才能「秀」呀！是的，沒有真才實學只會空喊口號的話，再怎麼秀也秀不出名堂。但有的時候，你如果不具備充足的能力，只要認為自己有這方面的潛力，也完全可以把自己推銷出去。因為一個人的能力不是天生的，要不斷地在實踐中摸索、鍛鍊，能力才能得以很好的提升與發揮。如果不給自己一個鍛鍊的機會，即使有能力，也不會有施展的舞臺，只能被埋沒住，這是十分令人惋惜的事情。

在生活中，有很多人抱怨沒有機會，他們往往是坐等機會。如果沒有

機會，就認為自己是一個不幸的人，覺得這個世界不公平。這種想法大錯特錯，具備這種想法的人，都是那些消極的人，一個積極的人絕不會慨嘆命運的不佳，他們多數都會主動出擊，為自己創造機會。只要你做一個有心人，一定能找到施展才華的機會。能力在人，盡善在天，如果有能力有才華，不施展出來，就等於是浪費，一個人的生命是有限的，如果在有生之年不發掘出來，會抱憾終生。

當然，自我推銷也是需要一定的技巧的，正像推銷產品一樣，要有一個好的外包裝吸引人的注意力，從而順利地把自己推銷出去。所以要注意自己的儀表形象。社會心理學家曾做過這樣一個實驗：在對兩組被試者分別加以打扮之後，使其中一組看起來風度翩翩，另一組則顯得邋遢，並令其走路時都違反交通規則。其結果是：第一組闖紅燈時，尾隨者占行人總數的 14%，而第二組的追隨者只占 4%，這說明人的服飾、穿著具有很強的感召力。沒有人會對一個蓬頭垢面衣衫不整的人感興趣。服裝也並不一定要時髦趕潮行，最要緊的是大方得體、乾淨整潔。

不要過度地羨慕別人

有這麼一則寓言：

豬說：假如讓我再活一次，我要做一頭牛，工作雖然累點，但名聲好，讓人愛憐；

牛說：假如讓我再活一次，我要做一頭豬，吃飽睡，睡飽吃，不出力，不流汗，活得賽神仙；

鷹說：假如讓我再活一次，我要做一隻雞，渴有水，餓有米，住有房，還受人保護；

雞說：假如讓我再活一次，我要做一隻鷹，可以翱翔天空，雲遊四海，任意捕兔殺雞。

這些都是很有意思的現象，可謂風景在別處，總是在羨慕別人，這大概是人類的共同天性，只是程度不同罷了。小孩子羨慕大人的成熟穩重，大人也懷念孩提時的清純率直；女孩子嚮往男孩子的堅強豪放，男孩子也會偷偷羨慕女孩子的靈動；普通人往往欽慕名人的卓越尊顯，名人又何嘗不垂涎普通人的平凡自適……

生活中，有些人常常抱怨自己生不逢時，懷才不遇，並感嘆上蒼的不公，名利與自己無分，富貴與自己無緣，卻對自己的擁有視而不見。其實，一個人能夠來到這個世界就是一種福氣。無論你是誰，身在何處，一定會有許多熟悉的或陌生的人在羨慕著你。試想我們在羨慕別人的時候，自己也是別人眼中的風景，那麼，我們就會心平氣和一些，心滿意足一些。你是否想過，羨慕別人所得到的，不如珍惜自己所擁有的，哪怕是失敗的經歷、膚淺的想法、無奈的傷感，甚至是悲痛的追悔、悄無聲息的平凡。當你驀然回首時，這一切都會變成永久的人生積澱和生命印跡，美好真摯，深切感人。

你是否知道，羨慕是一匹烈馬，如果你是一個好的馭手，牠就可以帶著你飽覽草原風光；如果你是一個失去理性的馭手，就可能信馬由韁，引你走向峭壁懸崖。你是否懂得，羨慕是一個十字路口，向左通向欣賞，向右通向妒忌。乘著羨慕的快車駛向欣賞的月臺是福分，乘著羨慕的快車駛向妒忌的月臺是災難。積極而有分寸的羨慕能夠提升你的人格，消極而而無節制的羨慕只能誘你墮落。羨慕別人沒有錯，但不要輕視自己、迷失自我。

適度地羨慕是可以理解的，但過度地羨慕往往就會變成了嫉妒，這就需要特別注意了。

　　有一個人，非常嫉妒他的鄰居，他的鄰居越是高興，他越是不開心；他鄰居的生活過得越好，他越是不痛快；每天都盼望他的鄰居倒楣，或盼望鄰居家著火，或盼望鄰居得什麼不治之症，或盼望下雨天雷能竄進鄰居家，劈死一、兩個人，或盼望鄰居的兒子夭折……然而每當他看到鄰居時，鄰居總是活得好好的，並且微笑著和他打招呼，這時他的心理就更加不痛快，恨不得在鄰居的院子裡扔包炸藥，把鄰居炸死，但又怕償還人命。就這樣，他每天折磨自己，身體日漸消瘦，胸中就像堵了一塊石頭，吃不下也睡不著。

　　終於有一天他決定給他的鄰居製造點霉運，這天晚上他在花店裡買了一個花圈，偷偷地送到鄰居家去。當他走到鄰居家門口時，聽到裡面有人在哭，此時鄰居正好從屋裡走出來，看到他送來一個花圈，忙說：「這麼快就過來了，謝謝！謝謝！」原來鄰居的父親剛剛去世。這人頓覺無趣，「嗯」了兩聲，就走了出來。

　　這個故事中的主人就是出於嫉妒，把自己置於心靈的地獄之中，折磨自己。但折磨來折磨去，卻一無所得。

　　現實社會中，看著身邊的人們一天天的比自己優越，你可能免不了會心生羨慕。如果你過度的羨慕別人，習慣性地將自己與一個和自己條件相當或者不如自己的人比較。如某一項比值大於你，那麼你就會耿耿於懷，產生心裡不平衡。

　　其實我們不必對自己太苛求，我們又怎知道別人一定比自己好呢？事實上每個人都有令人羨慕的東西，也有自己缺憾的東西。沒有一個人能擁有世界全部的美好，重要的在於自己的內心感受。

　　羨慕與不滿足猶如一對雙胞胎，相伴而生。過度羨慕是不滿足的前提和誘因。致使自己心理平衡越來越不滿足，進而使自己不斷地走向極端。

當我們看到那些在花團錦簇，歡聲笑語中被簇擁的人產生羨慕的同時，卻永遠看不到深夜中那雙眼眸留下的淚水，我們不要總是羨慕別人，每個人都有自己的生活方式。生活所給與的或多或少，不需要太過於在意，在人生的旅途中，你只要看好自己腳下的路，走好就好。

其實在你過度羨慕別人的同時，不妨換個角度想一想，比你優越的人是不是已經失去了許多自由，而且還吃了不少苦。你所看到的是別人得到的成果，而卻想不到他們付出的艱辛、淚水和痛苦，那些心態健康的人，也許物質生活並不比別人好，只是他能接受自己，覺得自己過得很好而已。

我們都有羨慕別人的心理，其實這是很正常的事情，也有可能會轉換成超越別人的動力，這是一種不可或缺的有益心理。但如果我們把對別人的羨慕變成心中的狹隘和妒火中燒或者為滿足自己的虛榮心加碼，從而做出錯誤的判斷，做出一些不理智的事，甚至把羨慕變成自卑，因而失去了看待事物的平常心，這樣既傷害了自己，也傷害了別人，這是不可取的。

所以在羨慕別人的同時，你不妨也羨慕一下自己，給自己加加油，喝喝彩，並在合適的時候獎賞自己一下。因為別人也正在羨慕你……

窮人有窮人的生活方式，有錢人有他們的生活方式，不要過度地羨慕別人，整天想入非非。健康的乞丐比有病的國王更幸福。

羨慕別人不如秀自己

當今的社會，逐漸進入了一個崇尚個性的時代，張揚出自己的個性，活出自己的精彩，通常會為你贏得更多的機會，如果你總是默默無聞，沒有屬於自己的東西，就會走進被人們遺忘的角落。所以，與其羨慕別人，

不如把握機會秀出一個最好的自己。

每個人的心中都有一個舞臺，心有多大，舞臺就有多大。

戲如人生，人生如戲。這是一句不老的臺詞。我們每個人在現實社會中有著不同的分工，占著不同的位置，做著不同的事情，看似在扮演著形形色色迥然不同的角色，有著所謂的大人物和小人物之分。但不管是小人物還是大人物，每個角色在整部戲裡面還是有一定的價值的。就算你只是一個客串。然而要做好這個角色，最主要的一點就是你對自己這個角色的態度，是認真了還是敷衍了。如果你面對一個小人物的角色，仍能認真應對的話，那你就是一個成功者。因為有了你這樣的一個成功者才有了整部戲的成功。你應該為自己感到驕傲。我想我們每個人都應該為自己驕傲。

人的一生，有長有短；有精彩有平凡。但不管如何，它終將結束。所以首先我們都應珍惜再珍惜。就好像一部電視劇一樣，不管結局如何，它總要結束。走其一生，你會感嘆：人生如戲，短暫而過。而在這部人生戲裡面，有一點不同，因為你注定是自己這部人生戲劇的主角。每個人站在各自的舞臺上，以各自不同的方式，演繹著自己與眾不同的故事。所以我在想，既然你已經是一個主角了，那你就不應該有什麼自卑、抱怨、牢騷，你唯一要做的就是把自己的人生臺詞精心推敲，然後努力讓自己這個角色光彩奪目。

回想一下團體合照的情景吧！每個人最關心的都是自己，都把自己看成是整張合照的主角，把別人當成配角。當你能真正看清自己的角色的重要性的時候，或許你也已經能夠清楚的認知到自己，最想做的是什麼，最想要的是什麼。

你有你的天地，我有我的世界，我們以各自獨特的優秀，展示各自卓然不同的風采。所以我想我也不應該馬虎，因為我也想在這部戲裡面，想

盡一切辦法秀出自己，活出精彩！

不管是人生如戲，還是戲如人生，我想我們都可不去考慮。因為目前要做的只有一件事，怎樣讓自己成為真正的主角，而且是一個優秀的主角。這就要求自己不斷的完善自我，不斷的讓自己努力了還要努力。就好像一個陀螺，既然你已經別無選擇的轉了起來，那就不要再去考慮是怎麼轉起來的，而是要考慮如何讓自己轉得越久，能不能是那個轉到最後的一個人。同時也為了這個目標努力努力再努力！

如果你因為出師不利而停下了腳步，我想你也不必去憂傷，只要你是盡力的，那你同樣是無悔的，同樣是精彩的。就好像有成功必有失敗，每一件事都不會讓人盡如人意的。

有一句話說得真好：禍大福大。或許你的失敗是為了更好的去展現更大的人生舞臺。所以每當你遇到了人生挫折的時候，請不要自暴自棄，你要相信，上天創造的那個你是獨一無二的，且是天生我才必有用的。

「秀」是近些年來相當流行的一個詞。服裝秀，歌舞秀等各式各樣的「秀」風靡一時。然而卻很少有人想到要秀自己。

我們中的大多數都是即平凡極普通的，就像螢火蟲一樣渺小。而我們又喜歡比較，這一比便更一無是處。於是我們氣餒、我們自卑，我們開始以別人為參考，修正自己，在比較中向別人看齊。孰不知這正如邯鄲學步的那人一樣，你將會迷失自己，你有可能變得優秀，但不在是自己而是別人的集合體。

我們是需要比較、提升，但前提是做自己。人們常說的「表現個性」大概就是這個意思吧！就像一年 365 天沒有哪兩天是完全相同的一樣，地球上 60 多億人口中也只有一個你。即使你能找到一個名稱一樣，外貌與你相似的人，但他（她）依舊是他（她）而不是你，因為你們的心不同，

精神不同！你是宇宙中的唯一一個你，是一個特別的、獨一無二的個體。

這個個體應該具有自己的個性。只要仔細去發現，他（她）一定會有自己與眾不同的地方，可人們往往忽視自己的優點，而是拿著放大鏡去看自己的缺陷和別人的長處，將這兩者加以比較，結果往往不自信。其實不盡然，我們應該給自己一點信心。人人都是有缺陷的個體但一切在於你如何去看待缺陷——其實缺陷也是一種美。

就像一個故事中所說：一個圓去失了一小塊，於是它便去尋找。由於它有缺陷因此跑不快。這一路上它看著風景，聽著小鳥清脆的歌，飲著清泉，快樂無比。經過很長一段時間，它終於找到了那一塊，把它裝上，形成了一個完美的圓。於是圓開始可以轉得很快，它錯過了很多風景，不再快樂。原來那個有缺陷的部分覺悟了，它要快樂，要做自己而不要為了完美捨棄自己。於是它扔掉了找回來的那一片。它有了缺陷但依舊快樂。

我們是一顆顆蘋果，上帝在我們身上留下了一個吻，這便是我們所謂的缺陷。而那些有較多缺陷的則是我們中的幸運兒。我們是一粒粒的珍珠，被埋在沙灘上而沒有發現，我們只看到了那些先於我們而找到的珍珠。其實找到珍珠並不難，只有輕輕將沙試去，它便會放出美麗的光澤。給自己點自信，秀出自己；給自己點自信，你將與眾不同；給自己點自信，你就是你，獨一無二的你！

別人的聲音再甜美，那是屬於別人的，我們應該說自己的話；別人的光芒再皎潔，那是屬於別人的，我們應該發自己的光；別人的珍珠再精緻，那不是我們的，我們應該尋找屬於自己的。尋找珍珠，尋找自己，在尋找中秀出個性，秀出自己！

每個人的一生都可以視作一次長期、不間斷的自我作秀。相信自己，舞動自己，秀出自己，活出精彩。只要你夠努力，這個舞臺就屬於你！

人貴自強方能他助

在生活中，很多人拚盡全力也沒有獲得成功，有一個很重要的原因可能是是缺少貴人相助。在攀登個人事業高峰的過程中，貴人相助，不可或缺。也許在某個關鍵時刻，貴人推一把，就可使你「鯉魚躍過龍門」，有了施展抱負的舞臺。有人做過統計，90％的中高層主管有被貴人提拔的經歷；80％的總經理要得貴人賞識才能坐上寶座；自行創業成功的老闆100％受恩於貴人。

那麼，你是否反過來想過：貴人為什麼沒有助你呢？

不管你有多少理由來解釋，比如機遇等等，但有一點你必須承認，你可能在某些方面沒有優於別人，以致使貴人沒發現你。這就是說，一個人在事業上要想獲得成功，除了借助他人的力量之外，靠自己的努力奮鬥是很重要的。人貴自強方能他助。

在某些時候借助貴人之力是非常必要，但貴人只是助你接近成功或走向成功的橋梁與階梯，要真正達到成功的彼岸，還得靠自己，還得自強自助。古往今來，先自強自助再借助貴人之力成功的事例數不勝數，朱元璋的成功正是得益於此。

西元 1352 年，朱元璋投靠郭子興，被守城將士誤以為元軍的奸細，差點就把他殺死，幸好被郭子興救下，收為步卒。朱元璋是個聰明人，他知道郭子興對自己事業發展有著不可估量的作用，拉近與郭子興的關係，也就等於拉近了與成功的距離，所以，首先他非常努力，以出色的才能，讓郭子興堅信自己並未看錯人。

被收為步卒後，朱元璋每天在隊長的帶領下，與大家一起練習武藝，他非常明白，在當時的條件下，要想出人頭地，唯一的途徑就是拚命努

力，這樣才能貼近郭子興。所以，他總是比別人練得刻苦，練得認真，練得時間長，在十幾天的時間裡，就已經是隊裡出類拔萃的角色，郭子興非常喜歡他，每次領兵出擊，都會把他帶在身邊，而朱元璋也總是小心地護衛著郭子興，作戰十分勇猛，斬殺俘獲過不少敵人。

拭想想，如果沒有表現出色，朱元璋會就被郭子興調到元帥府做親兵九夫長嗎？如果沒有經得起考驗的才能，在遇上重要事情時，郭子興會徵求朱元璋的意見嗎？

後來，郭子興就派朱元璋單獨領兵作戰，每次打仗，朱元璋總是身先士卒，衝殺在最前面，得到戰利品，他又分毫不取，全部分給部下，因而部下都非常擁護他，每一次出戰，大家都齊心合力，所向披靡。郭子興見朱元璋帶領的部隊，凝聚力空前增強，戰鬥力大為提升，於是，對他比以前更加器重，特別想把他收為心腹，讓他真心真意、死心塌地地跟著自己。

傳統十分重視家庭倫理，編織裙帶關係又是結交心腹的常用手段。郭子興自然也會想到用這個辦法，他的兩個夫人都姓張，第二夫人被稱為小張夫人，她撫養著一個義女，是郭子興的好友馬公的小女兒，馬公原是宿州閔子鄉新豐裡的富戶，因仗義疏財，廣交賓客，破了家。妻子生下小女兒後，不久就死去，他因躲避仇家，帶著女兒來到定遠投奔郭子興，兩人結成生死之交。郭子興起兵時，馬公回宿州策劃起兵響應，不料，沒多久就死了。馬公死後，郭子興就將馬公的女兒交給小張夫人撫養，把她當作自己的親生女兒看待。

這時候，郭子興為了收朱元璋為心腹，便將義女嫁給他。馬氏聰明賢惠，端莊溫柔，善解人意，且「知書精女紅」，對朱元璋來說，一個窮小子竟然能娶元帥的女兒為妻，連他自己都覺得像是一場夢。從此，他有了

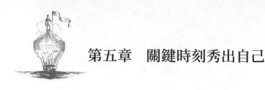

靠山，眾人自然對他另眼相看，往後軍中就稱他為「朱公子」。

我們看到，朱元璋事業的每一步走得好，表面看似是靠交際貼近與關鍵人物的關係，他的貴人郭子興對他的賞識提拔，為他日後的出人頭地提供了不可缺少的條件，其實最重要的還是他自己的努力，倘若沒有他的刻苦耐勞，就不可能擁有一身真本領，沒有過得硬並讓人信得過的才能，手下豈能服他？郭子興又豈能重用他？

所以說，機遇不會光顧沒有準備的人。要想貴人能夠出貴言和貴力，至少得讓貴人發現你，認為你值得幫助，是可塑之才，而非朽木。

林肯 15 歲的時候才開始識字，每天早晚都要走兩公里森林小路到校求學。他買不起課本，就先向別人借，再用信紙大小的紙片抄下來，然後用麻線縫合，做成一本自製的課本。他以不定期上課的方式在校求學，知識都是「日積月累的」。他所受的正規教育，總計起來只有十二個月左右。林肯下田工作的時候，也將書本帶在身邊，一有空閒就看書。中午吃飯時，也是一手拿著午餐，一手捧書。最終，林肯由一個貧窮的孩子成長為統率美國的政治家。

林肯深深明白，自己必須要有拿得出手的「真貨」，才會在成功的路上獲得貴人的信任。若要他助，必先自助自強。

價值比靠山還可靠

很多人都會認為自己的工作不穩定，是因為在職場上沒有一個穩定的靠山，其實，若是你沒有能力，靠山也靠不住。而比靠山還可靠的，是讓自己有價值，也就是說要成為不可替代的員工。

下面我講一個故事：

　　成功學家拿破崙曾經聘用一位年輕女士當助手，讓她協助拆閱、分類及回覆他的大部分私人信件。當時，助手的工作是聽拿破崙口述，記錄信的內容，她的薪水和其他從事類似工作的人大致相同。

　　一次，拿破崙口述了下面這句格言，並要求她用打字機打下來：「記住：你唯一的限制就是自己腦海中所預設的那個限制。」

　　當她把打好的紙張交還給拿破崙時，她說：「你的格言使我獲得了一個想法，對你與我都很有意義。」

　　此後這個女孩開始在用完餐後回到辦公室，不計報酬地做一些並非自己分內的工作 —— 譬如替老闆回信給讀者。她用心研究拿破崙的寫作風格，以至於這些信回覆得跟拿破崙自己所寫的一樣好，有時甚至更好。她一直堅持這樣做，並不在意老闆是否注意到自己的努力，直到拿破崙的私人祕書辭職為止。當拿破崙開始找人來補這個職位空缺時，他很自然地想到了這個女孩。

　　由於這個女孩做事效率高，引起很多人的注意，一些大公司紛紛向她發出了邀請函，表示願意出高薪聘用她做助理。為此，拿破崙不得不多次給她加薪，最後她的薪水已是當初來拿破崙這裡就職薪水的 4 倍。對這件事拿破崙實在是束手無策，因為她使自己變得對拿破崙極有價值，變得無可取代了。

　　很多人在不重要中生活得太久了。平凡不是你的錯，但如果甘於平庸就是大錯特錯。無論你目前從事哪一項工作，每天一定要使自己獲得一個機會，使你能在平常的工作範圍之外，從事一些對其他人而言更有價值的服務。自然，當你付出的比預期的要多時，人們會注意到你，並可能有意想不到的收穫。

　　怎樣才活得有價值？才有人欣賞？才能成為不可替代的人？

在企業，有技術、有才能的人，就是紅人，老闆見了，笑臉相迎，又是加薪，擔心他們跳槽，因為這種人太少，要找到一個能夠替代的更是非常不易。

所以，如果你不想自己在職場被拋棄，乃至被淘汰，被喊「OUT」出局，那麼從現在起，你更要努力進步成長，讓自己變得不可替代。

任何時候都要記住：靠山山會倒，靠人人會跑，只有自己最可靠。

點燃自己的魅力

通常來說，一個人的身高和五官在母胎裡就已經注定，但他的風度、儀表和魅力卻可以透過後天的教養和訓練而獲得。有的人天生就具有這種魅力，他們每到一處，那裡的空氣似乎都為之振盪。可惜大多數人都缺乏這種魅力。大多數人都是在平庸的工作和生活中忙忙碌碌的，沒有機會甚至沒有意識到應該怎樣來展現自己的魅力。

在日常生活中，怎樣才能吸引眾人的目光，從而使自己獲得更多人的關注呢？答案是先讓自己具有獨特的魅力，因為只有這樣才能吸引眾人的眼球，從而更快地結交到更多朋友，甚至獲得「貴人」的提攜。

就像第一次見一個人時，這個人會給我們留下重要的印象，並且這個印象是深刻、難以更改的。所以我們也要給對方留下自己的好印象。這時候，如果自身的魅力足夠，就能在第一次見面中抓住對方的心，讓對方願意繼續與我們交往，或幫助我們。這就是說，第一次見面留下的印象在與人交往的過程中是至關重要的，它在很大程度上決定了別人對自己的觀感。如果你能給人留下比較好的第一印象，那麼你在與此人的交往過程中就會更加順利，即便你在以後有些事做得不盡如人意，對方也會盡可能的

體諒你；但是，如果你給人留下的印象不太好，你以後將要付出很大的努力才能改變此人對你的看法。與其費這麼大的周折，為什麼不在開始就做好自己，給人留下盡可能好的印象呢？

人們通常認為，初次見面就不給自己留下好印象的人往往不值得繼續交往，或者認為這個人不具備良好的交際能力，也就不會產生幫助這個人的願望。因此，在社交場合中，大家應盡量完善自己，以給別人留下良好的印象。那麼，怎樣才能做到這一點呢？

第一，要注意自己的外表。當見到對方時，對方最先注意到的一定是我們的穿著打扮。俗話說：「人靠衣裳馬靠鞍。」我們並不一定非要買多麼貴的衣服，但是穿著一定要整潔，讓人看起來有一種大方的感覺。

當然，外表還包括化妝，尤其針對職場女性來說，化妝體現的是對他人的尊重。而且，上一點自然的妝容也能讓你更有魅力。

第二，要注意自己的動作。在還未開口說話前，動作可以暴露——個人的性格與內心，即走姿、坐姿及眼神等。有研究顯示，身體語言所表達的內涵比有聲語言還要多，想在社交中建立良好的第一印象，就要注意坐姿和站相，比如坐的時候身體要端正，雙手不要亂放，對於女性來說，就更要注意自己的坐姿，不但要十分端正，雙腿一定要併攏。

你在聽對方說話時，一定要表現出專心和耐心，這是對對方的尊重，也是對自己的尊重。你要記住，你的動作代表著你自身的素養，想要給別人留下好印象，就要提升自己的素養，表現出一個優秀的人應該具備的特質。

第三，要注意自己的有聲語言。在與人初次見面時，談論的話題不要涉及太多對方的隱私。你要明白，在你們剛認識時，信任只是停留在表面的，如果這時你觸碰了對方的隱私，說出些不合時宜的話來，那就可能令

對方陷入尷尬的境地，也許還會讓你本來給對方留下的好印象大打折扣。

第四，人交談時，不要隨意打斷對方的話。每個人都希望自己說話時不會無故被別人打斷，況且，打斷別人說話本身就是一種不禮貌的行為，這會讓對方心中不滿。當然，對方未必會把自己的不滿說出來，但這在他的心裡已經對你產生了排斥，估計你再說什麼也無法挽回了。除了不要去打斷別人說話之外，還要學會傾聽，在聽的同時，為了表示出你的專心，可以透過點頭或者微笑等細微動作來表示你的應和，這樣可以讓對方保持繼續說下去的意願。

第五，不要高談闊論或喋喋不休。一般情況下別人不會隨意打斷你說話，但你必須明白，說話是為了更好地展示自己，而不是讓自己變得令人厭惡。如果你不顧別人的感受大談一些不著邊際的東西，或者是針對某一項內容說起來沒完沒了，那麼你就要反思一下，自己是否占用了別人的寶貴時間。每個人的時間都很寶貴，尤其是在他工作的時候，因此，你必須要學會尊重別人的時間。

第六，說話的時候要注意自己的談吐。談吐要優雅，要有大家風範，最忌諱的就是說出一些粗俗不堪的話來。優雅的談吐能夠體現一個人的素養，它就像是你整潔的外表一樣，讓人能有一種春風拂面的愉悅感。另外，在你和對方交談的時候，不要吞吞吐吐、欲言又止，這樣會給人留下你辦事不爽快的印象。而且，在表達個人意見時，不要只用一些語氣詞敷衍了事，要適時地應答對方的話語。

日常生活大多是乏味的，多數人都地重複著機械單調的生活模式，而這種生活格調無法提供新話題。所以你應該另闢蹊徑，做一點不尋常的事情。比如當一個收藏家，但不要囤積錢幣或郵票之類的物品，那些東西太普遍了。收藏些經濟情況可以承擔同時你又感興趣的東西。你可以利用這

些收藏在業餘時間陶冶自我，而且談起你的收藏，你可以滔滔不絕，如數家珍，對每一細節都可饒有興趣的談論半天，這樣你的自我魅力也就充分地展現了出來。

另外，你不妨點特殊專長。具有特殊專長的人往往可得到別人的愛慕。張先生喜好研究夜間活動的動物，他勤奮鑽研，成為世界上研究老鼠和蝙蝠的專業人士。情人節時，她來到女友居住的高級住宅與她相會。管理人員一直對窗戶上的一種奇怪的殘留物疑惑不解。張先生看了一眼，告訴他們，「這是一種蝙蝠尿」，並建議他們用什麼樣的清洗劑洗。他的女友從此對他更加崇拜，很快就嫁給了他。

當然，積善的美德也能增加一個人的魅力。你無須一輩子從事慈善事業，開始只需從小事做起。例如，向無家可歸的人施捨湯水，向因貧困無法上學的孩子提供力所能及的資助。只需花費不多的時間和金錢，你就會感受到驚人的變化。熟人會對你的所作所為感興趣。如果你想保持這種狀態，再進一步為他人多做些好事。

總之，只有提升自己的個人魅力，才能夠在第一時間打動對方。點燃自己的魅力，讓別人喜歡上你，讓別人願意幫你，才能真正地秀出自己。

打造個性品牌

品牌之所以有價值、能成為品牌，關鍵在於品牌是有個性的。沒有個性的品牌就沒有生命力，沒有個性的品牌就沒有價值。

人也一樣，不能太甘於平庸，畏首畏尾，要對自己的工作和事業充滿熱忱，要勇於在關鍵時刻秀出自己，打造自己的個性品牌，要做一個個性飛揚與眾不同的人。

漢語詞典裡說，個性是一個人在社會生活實踐中經常表現出來的既比較穩定又帶有一定傾向性的心理特徵（興趣、愛好、能力、氣質、性格等）的總和。它以生理素養為基礎，受生活環境約束。個性所表現的是個人的獨特風格，是一個人的基本精神面貌。個性魅力在於，每一個人都有他的長處。或者說，也沒有長短好壞之分，在特定的環境中總會有某種個性最適合。

　　簡單地說，個性就是一個人的整體精神面貌，即具有一定傾向性的心理特徵的總和。

　　在日常的人際交往中，我們會發現，有的人行為舉止、音容笑貌令人難以忘懷；而有的人則很難給別人留下什麼印象。有的人雖曾見過一面，卻給別人留下長久的回憶；而有的人儘管長期與別人相處，卻從未在人們的心目中掀起波瀾。出現這種現象的原因在於個性。一般來說，鮮明的、獨特的個性容易給人以深刻的印象，而平淡的個性則很難給人留下什麼印象。

　　在日常生活中，人們對個性也容易產生一些誤解，往往認為一個「倔強」、「要強」、「坦率」、「固執」的人很有個性；而「文雅」、「平和」、「斯文」、「柔弱」的人沒有個性。這種看法是不對的，至少說是不全面的。「倔強」、「要強」、「坦率」、「固執」是一種人在其生活、實踐中經常的、帶有一定傾向性的個體心理特徵，是一個人區別於其他人的精神面貌或者心理特徵。由於這種傾向的個性特徵比較鮮明、獨特，往往容易給人留下深刻的印象。而「文雅」、「平和」、「斯文」、「柔弱」也同樣是一種性格溫和、希望與他人和睦相處的人帶有傾向性的個體心理特徵和區別於其他人的精神面貌或心理特徵。只不過這種傾向性的個性特徵比較平淡而不鮮明，往往不容易給人留下深刻的印象罷了。由此可見，

不管是哪一種傾向性的個性特徵，不管這種特徵是鮮明的還是平淡的，它都展現了一種個性。心理特徵人人都有，精神面貌人人不可缺少。從這種意義上來說，世界上不存在沒有個性的人。個性對於一個人的活動、生活具有直接的影響；對於一個人的命運、前途有直接的作用。

歷史上許多人都因為自己的個性，才使自己擁有了永不消減的魅力。

還記得那坐在濮水邊垂釣的倔強的老人 —— 莊子嗎？在「相位」的誘惑面前，他守住了自己的個性，放棄了榮華富貴而選擇了「曳尾於塗中」的無拘無束的生活。他守住了不願為世俗所累的個性，成為眾人敬仰的聖人。「聖人無己，神人無功，聖人無名」，這就是他孤傲的寫照。至今人們仍記得那個在月下孤獨守望的個性老人 —— 莊子。

還記得那個放蕩不羈、藐視權貴的「詩仙」 —— 李白嗎？「天子呼來不上船，自稱臣是酒中仙」、「安能摧眉折腰事權貴，使我不得開心顏」、「舉杯邀明月，對影成三人」，這就是他的個性。他不畏權貴，本想建功立業，卻不得志，於是他訪遍名山，借酒消愁，放浪形骸。至今人們回想歷史時，看到站在唐朝之上的不是君主，而是「詩仙」太白啊！

還記得那個厭惡官場，寧願歸隱的閒人逸士 —— 陶淵明嗎？「晨興理荒穢，帶月何鋤歸」、「採菊東籬下，悠然見南山」，這正是他的個性。他不願為官，卻嚮往山村田園的生活；他厭惡官場的爾虞我詐，嚮往恬靜幽美的自然。正是他有了高潔的個性，才在詩林中獨樹一格，創造了無比優美的意境，在人們的腦海中烙下了不可抹殺的印象。

「眾人皆醉我獨醒，舉世混濁我獨清」，這是屈原潔身自好的個性；「安得廣廈千萬間，大庇天下寒士俱歡顏」，這是杜甫憂國憂民的個性；「王師北定中原日，家祭無忘告乃翁」，這是陸游愛國的個性；「我自橫刀向天笑，去留肝膽兩崑崙」，這是譚嗣同寧死不屈的個性；「橫眉冷對

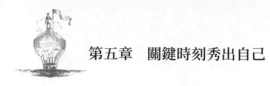

千夫指，俯首甘為孺子牛」，這是魯迅愛憎分明的個性。

歷史是一面鏡子，讓我們看到了一個又一個彪炳史冊的人物。他們用自己的一生向我們證明了：有了良好的個性，人格才有魅力，人生才會流光溢彩。

世界上沒有兩片完全相同的葉子，也沒有兩片完全不相同的葉子。因此，個性不是標新立異，冒天下之大不韙，為他人之不敢為，任何個性都有相同點，那就是我們心中崇高的道德準則。

那就讓我們用勇氣和信心鑄就一把鋒利的剪刀，把那些只爭陽光，不長樹葉，把那些搖搖欲墜、腐朽破爛的枯枝敗葉剪去，讓個性之樹枝繁葉茂地呈現在世人的面前。

與其抱怨不如亮劍

有一則寓言：說有一隻兔子長了三隻耳朵，因而在同伴中備受嘲諷戲弄，大家都說牠是怪物，不肯跟牠玩；為此，三耳兔很悲傷，經常暗自哭泣。

有一天，牠終於做了決定把那一隻多出來的耳朵忍痛割掉了，於是，牠就和大家一模一樣，也不再遭受排擠，牠感到快樂極了。

時隔不久，牠因為遊玩而進了另一座森林。天啊！那邊的兔子竟然全部都是三隻耳朵，跟牠以前一樣！但由於牠已少了一隻耳朵，所以，這座森林裡的兔子們也嫌棄牠，不理牠，牠只好怏怏地離開了。從此，牠領悟到一個真理：只要和別人不一樣的，就是錯！

這個寓言提醒了人們，凡事不要盲目地和別人相比，不同於別人的，不一定就是不好的。每個人都有各自的特點，也有各自的長處，不要拿別人的標準來衡量你自己。

　　從某個角度來看，地球上每一個人都不如另一個人或另一些人。但你不應因為比不上他們而產生自卑感，使你的人生黯淡無光，也不該只因為某些事情無法做得像他們那麼有技巧，而覺得自己是塊廢料。相反，你要看到自己的長處，你要懂與其抱怨，不如亮劍。

　　要想讓別人承認自己的價值，就必須學會亮出自己，在眾人面前顯示出自己的與眾不同，出類拔萃。

　　唐朝大詩人陳子昂 21 歲時從家鄉來到長安，千里迢迢，圖展鴻鵠大志。然而朝中無人，子昂四處登門，贈詩獻文，不是被拒之門外，就是受冷言相譏，功名事業，一籌莫展，讓他憂憤交加。

　　一天，漫無目的的他在長安大街上看到有人在賣一把稀世古琴，圍觀的人裡三層外三層，他眉頭一皺計上心來，便擠進人群，大聲喊道：「我願意花重金買下此琴！」眾人震驚不已。

　　有人請他當眾彈奏一曲，他說，「明日午時請大家到明月軒酒樓，我當備下酒席，專程恭候。」此事傳遍了長安，不少文人墨客都去一瞧稀奇。

　　第二天，當許多文人雅士聚集在酒樓的時候，陳子昂並沒急於彈琴，他手捧占琴，忽地站起，激憤而言：「我雖無二謝之才，但也有屈原、賈誼之志，自蜀入京，攜詩文百軸，四處求告，竟無人賞識，此種樂器本低賤樂工所用，吾輩豈能彈之！」隨即摔琴於地上，趁眾人還在驚嘆之餘又拿出自己的文章給眾人傳看。眾人為其舉動所驚，再見其詩作工巧，爭相傳看，一日之內，陳子昂名滿京城。不久，陳子昂中進士，以上書論政，為武則天所賞識。

　　用現代的話說，陳子昂此舉就是炒作。陳子昂不愧是個善於作秀的才子，他勇於在眾人面前亮出自己的個性，先是不惜重金買古琴，激發了他

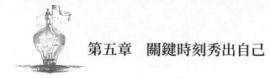

人了解自己的慾望；然後摔琴傳詩文，令人讚嘆其文筆之美妙，其手腕之高明，做法之精妙，堪稱一絕。

那些懷才之人都想遇到自己的伯樂，可是，很少有人會主動了解你。如果你不能設法讓更多的人發現，那是沒有用的。別人不了解你，自然也不會重用和喜歡你。與其在等待中抱怨，不如像陳子昂一樣，在人多的場合「爆光」，從幕後走到臺前。

亮出你自己，亮出你的個性，亮出你的智慧，亮出你的特質，展示出自己的美麗，展現出自己的價值，把自己的長處展現在人們的面前，讓更多的人認識你。只要有「天下誰人不識君」的勇氣，你就會真的做到「天下誰人都識君」。

出奇制勝顯身手

有一天，某出版集團的總裁收到一封信，該信是一位求職者寫給他的，信上寫著「不請我是你的損失」。於是，總裁決定要見一見他。

且不說這位求職勇士的面試結果如何，就目前而言，他已勝過其他數百位循規蹈矩的求職者，獲得一個難得的面試機會。不管這個案例真假如何，但它告訴了我們，找工作或者做別的任何事情，都講究出奇制勝，只有與眾不同才能勝人一籌。

三國中，出奇制勝的戰例也不乏其中：官渡之戰中，曹操借力以少勝多，四兩拔千斤；諸葛亮草船借箭，輕而易舉地獲得十萬餘只箭，並破了周瑜的暗殺之計；關羽借用自然之力，水淹七軍，出奇制勝。善於借力而行，當自身條件不足時，不妨借用一下別人的力量，以最小的成本做成最大的「買賣」，這就是善借外力、出奇制勝的智慧。

身為創業者的我們，你的思考模式是否至今依然因循守舊？

在一本書裡還讀到過這樣一個故事：英國有一個名叫亨利・布雷爾利（Harry Brearley）的機械師，在一戰的時候接受了一項特殊任務：那就是改造槍支構造，設法解決槍支由於使用時間過長，命中率低的問題。為了解決這一難題，布雷爾利把他的大部分時間和精力都用在了對這個問題的研究上，然而，讓他沒有想到的是，自己一生最偉大的成就，並不是發明了什麼新式武器，而是發明了不鏽鋼餐具 —— 一個和武器毫不相干的東西。

原來，布雷爾利在研究槍支的過程中發現，造成槍支使用時間過長，命中率低的原因是槍膛裡所用材料的硬度不夠，於是他尋找各種合金鋼，進行耐磨和耐熱的試驗，時間一久，試驗場地到處堆滿了各式各樣的合金鋼。

後來，在清理試驗場地上的合金鋼的時候，布雷爾利隨手撿起了一塊鋥光瓦亮的不鏽鋼材料，這種材料經過分析，不適合用在槍膛上，但就在他想拋棄它的瞬間，突然看見了實驗室裡黯淡無光的餐具，布雷爾利想：「這些漂亮的不鏽鋼扔了多可惜啊！如果用來做餐具一定十分漂亮。」

就是這個突發奇想，成就了布雷爾利。後來，布雷爾利成了一名傑出的不鏽鋼餐具的經銷商。不鏽鋼餐具迅速走進了英國人的家庭，受到了使用者的青睞。布雷爾利這個出奇制勝的想法，也使不鏽鋼的發明者感到慚愧，他說：「我怎麼沒想到不鏽鋼能成為餐具的加工材料呢？」可是，為時已晚。

做人做事也一樣，攻其不備，出其不意，在關鍵時候秀出自己，往往能夠取得出奇制勝的效果。有「心機」之人考慮問題通常能想常人所不能想，從而找出對手的弱點，攻擊對手意想不到的地方，一舉勝敵。

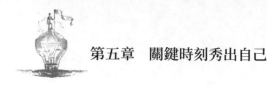
如此看來，「出奇制勝」不但是一個可以廣泛運用的法則，而且是一個永恆的法則。出奇制勝為什麼具有如此的魅力呢？原來，出奇制勝就是打破常規，用對手意想不到的新奇手段戰勝對手。它的核心，就是「變化」二字，而「變化」，正是宇宙間一切事物運行的普遍規律。宇宙間的萬事萬物都是在不斷的發展變化的，唯有發展變化的這個規律是不變的。

商場中的競爭一點都不比戰場弱，商場上的用計用謀也一點都不比戰場上少。許多經商的有「心機」之人也往往是採取「攻其不備，出其不意」，「劍走偏鋒」而取得勝利的。

人生更是如此，在關鍵的時候要學會「劍走偏鋒」，出其不意超越別人，出奇制勝大顯身手。

自我推銷講門道

自我推銷是一門頗為艱難的課程，對於行動舉止的分寸不好拿捏，稍有閃失，便會弄巧成拙，破壞了自己原有的形象。所以，平時不妨多觀察那些善於自我推銷的人，寫下心得隨時去演練，自然熟能生巧，成為自我推銷的高手。

為自己爭取機會，只是自我推銷的第一步，如何以目前的成績為基礎，讓成績成倍上升，這才是我自我推銷的最高目的。作家瓊瑤可說是個深諳此道的高手。

瓊瑤的小說唯美浪漫，言辭優美，1950、1960 年代便已經風靡一時，每個心中有夢的女孩，幾乎都看過瓊瑤的愛情小說。

後來，瓊瑤將作品搬上銀幕，拍成電影，再次把自己推向人群，讀者更成倍成長，奠定了瓊瑤在文壇的不敗地位。

隨著觀眾口味的轉變，瓊瑤雖然沉寂了一段時間，但是，擁有精準嗅覺的瓊瑤，轉而把自己的作品帶住電視發展，果真又再次掀起一陣「瓊瑤旋風」，從前的著作也跟著再度熱賣，瓊瑤的聲勢更因此得以二十多年來盛而不衰。隨著瓊瑤的造勢活動，她的作品本本暢銷兼長賣，為「皇冠」賺進大把大把的銀子。

不過，話又說回來，倘若瓊瑤的書不是那麼震撼人心、曲折動人，即使她再有促銷能力，也無法把自己推銷給善變的讀者。因此，要做自我推銷之前，務必先確定自己的實力是否足以應付當前情勢，否則，等到實際執行時再來丟人現眼，那可就麻煩了。

在這裡，我對自我推銷有兩點特別重要的忠告：

一是不能吹噓過度，引火焚身。某廠有一個行銷主管，能言善道，業務能力很強。問題是他不僅能侃侃而談，也很愛吹牛，所以多數人對他說的話都不當一回事。在一次產品展銷會上，一位商人對其產品感興趣，向他諮詢，他乘機大吹大播，商人一下就跟他訂了 500 萬單。這位主管沒考慮自己公司的實力，盲目接單，結果挨了上級一頓大罵，最後貨沒有辦法按期交出來，還賠了一大筆違約金，更重要的是失去了信任，那個商人表示再也不會相信他們公司了，同時說服別的商人也不要向他們公司下單。

這就是過度吹噓帶來的嚴重後果，這位主管為了逞一時的英雄，害得公司失去了信用，後來他只能引咎辭職。

二是不能自以為是，剛認識兩天就稱兄道弟。熱情的人喜歡結交朋友，他們認為交朋友是一件樂事，只是這時候就會出現一個問題，他們交了很多的朋友，但是他們往往很難分辨哪些是自己的好朋友，哪些是交往甚淺的人，他們常常以為所有的人都是自己的好朋友，凡是願意與自己交往的，都把他們當做兄弟來看待。有一個姓張的年輕人在一家電子公司工

作了三年，他想自己辭職創業，雖然這只是一個想法，尚未付諸行動，但他開始尋找合作夥伴。一次，他在火車上遇到了一個人，那個人也是做電子機械的，兩個人聊得很投緣。很快就稱兄道弟。後來交往更深，沒過多久那人竟把這個張姓年輕人騙得精光，而那人告訴小張的是假名，報了警也無從查起。

所以說對於剛認識不久的人不要太過於信任，因為接觸幾年的人都有可能出賣或者欺騙你，更何況只有幾面之緣的人了，像傳銷不就是現實裡典型的例子嗎？被騙的人都是自己所熟識的人，而只有在被騙了之後才明白自己不該太相信別人。

這都是在自我推銷時要特別注意的問題。此外，你要向誰「Show」自己、推銷自己？這也是很重要的問題。掌握關鍵人物，重點下手，這才有用。如果你只是不斷地討好，或在無關緊要的人面前賣弄專才，根本無濟於事，徒然浪費時間而已。

當你因為推銷得法而達到目標之後，記住，一定要收斂得意之色，「沉默是金」，盡量多做事，少管事，否則，你的身邊一定會有一些善妒之士，伺機想扯你的後腿，把你拉下位子來。在你的理想、承諾尚未實現時，還是小心預防這些「意外」吧！

第六章
能言善道是一種軟實力

在當今社會，我們已經懂得要銷售自己包裝自己，但如何包裝銷售卻是需要學習的，體現一個人的品味和素養，在能力上必須軟硬兼備才行，既有經得起考驗的專業能力又要有堅強的軟實力。因為這年頭，你要想成功的話，不僅要靠硬實力，更要靠軟實力，而能言善道就是體現你的軟實力最基本的功夫。

說好話並不是一件易事

在這個世界上，除了啞巴之外，誰都會說話，其實啞巴也會說啞語，只是我們大都聽不懂而已。但說話與說話之間卻有天大的區別，有人說起話來娓娓動聽，讓人感覺到渾身都很舒服，而有人說起話來像一把刀子，總是刺得讓人骨頭都會覺得痛，還有的人說話不招人喜歡，一開口就讓人厭惡，這是極不會說話的一種人。

近代文學家朱自清先生曾寫過一本叫《怎樣說話與演講》的書，書裡的代序中有一段話說得很有意思，在我印象中記憶深刻，現摘錄於下：

……有人這個時候說，那個時候不說；有人這個地方說，那個地方不說；有人與這些人說，不與那些人說；有人多說，有人少說；有人愛說，有人不愛說，啞子雖然不說，卻也有那咿咿呀呀的聲音，指指點點的手勢。

說話並不是一件容易事。天天說話，不見得就會說話；許多人說了一輩子話，沒有說好過幾句話。所謂「辯士的舌鋒」、「三寸不爛之舌」等讚詞，正是物以稀為貴的證據；文人們講究「吐屬」，也是同樣的說理。我們並不想做辯士、說客、文人；但人生不外言動，除了動就只有言，所謂人情世故，一半是在說話裡。尚書裡說：「唯口出好興戎。」一句話的影響，有時是你料不到的，歷史和小說上有的是例子。

　　說話即使不比作文難，也絕不比作文容易。有些人會說話不會作文，但也有些人會作文不會說話。說話像行雲流水，不能夠一個字一個字地推敲，因而不免有疏漏散漫的地方，不如作文的謹嚴。但那行雲流水般的自然，卻絕非一般文章所及。——文章有能到這樣境界的，簡直當以說話論，不再是文章了。但這是怎樣一個不易達到的境界！我們的文章哲學裡雖有「用筆如舌」一個標準，古今有幾個人真能「用筆如舌」呢？

　　朱老先生的這本書我是通讀了的，有一條主旨很重要，即：一個人要說好話，並不是一件容易的事。

　　就拿寫文章來說吧！寫文章講究「讀書破萬卷，下筆如有神」。說話其實和寫文章是同一個道理，只有自己看的東西多了，才能夠妙語連珠，說出有水準、有見解、有說服力的話。許多人和朋友在一起，或者與陌生人交談，常常無話可說，於是就抱怨、哀嘆自己天生沒有一副好口才，或者埋怨自己太膽小。其實，這種想法是很片面的，好口才並不是天生的，也不是說膽子足夠大就可以，好的口才是要有足夠的底蘊作為基礎的。

　　在這個世界上，誰見過一個目不識丁且毫無社會經驗的人能口吐蓮花呢？這就是說，好的口才是建立在深厚的學識和社會經驗基礎之上的，如果脫離了這個根本，那麼言談就會成為「無源之水、無木之木」，淡而無味，哪裡還能說服別人呢？

　　我有一位同事的女兒，是一名大三的學生，平時她最愛做的事情就是窩在圖書館，各種類型的書都喜歡看一些，各個學科都喜歡研究一下。別看她是女孩子，連男孩愛看的政治、軍事書籍她也不放過。這些書籍大大地開闊了她的視野，也讓她了解各類型的知識，所以她一開口總是頭頭是道，讓人信服。後來，她代表學校去參加了辯論大賽，拿了冠軍。她的事例足以說明，肚子裡有「貨」，說出來的話才有說服力。

如果你有一桶水，那麼給別人一杯是一件再簡單不過的事情，而如果你的桶裡沒水，又怎麼能給別人呢？說話也是一樣，首先你要有知識，有內涵，如此才有可能說出精彩絕倫的話。說話雖然需要一定的技巧，但也與一個人掌握知識的多少有著密切的關係，正所謂「腹有詩書氣自華」。知識面不夠寬廣，就算口才學得再好，技巧掌握得再多，也是無法說服別人的。

當年諸葛亮在隆中閉門苦讀，一出山後便有舌戰群儒之功，恐怕當年的諸葛亮並不曾特地去學習如何辯論，所依靠的正是他數十年的苦讀。

所以，我認為要說好話，應該從以下幾個方面入手：

首先，口才是練出來的，不要羞怯，要知道每個人的資質都是差不多的，自己有怯場的心理，別人也會有同樣的感受。要抓緊一切可以鍛鍊的機會來展示自己，給自己信心，相信自己既能夠做得到也能夠說得出，每一次的鍛鍊都會給自己開始下一次以莫大的勇氣，再加上自己不斷的總結和累積。長此以往，必然能夠在以後的一切場合中自己脫穎而出，說出自己，證明自己。

其次，說話要有內容，才能夠在社交場合及一些工作場合中吸引別人的傾聽，你總要使別人在聽你說話的過程中有一些收益或是產生共鳴，那麼這樣的說話才是成功的，而別人也才會樂意聽你說話，與你交流。這個內容不是天生的，就靠你平時是否博學，只要你具備了寬廣的知識面，在任何場合說話能信手拈來，何愁不吸引別人？

同理而言，一位好的說話者一定是一位特別擅長溝通的人，在自己說話的時候也要學會傾聽他人的說話，俗話說：出門看天色，進門看臉色。因此在說話時更要學會看他人聽你說話時的表情，以便適時的改變自己說話的內容、語氣等等，說話時千萬不要自說自話，這是最不成功的說話。

再次，說話要注意自己的節奏感，這一點是相當重要的。有些人在說話的時候語速相當快，就像在爆豆子一樣，往往他自己說完以後，別人都沒有反映過來說的是什麼。說話說得慢一些，聲音響亮一些，你會發現，人們會更加注意地傾聽你的說話，而且他們會感覺你所說的每一句話都是從內心深處說出來的，是經過你慎重考慮後才說出來的，人們會認為你在對自己說的話負責任。

其實言語並不見得比寫文章容易，文章寫得不好來還可以修改，而一句話說出來了，要想修改是比較困難的。我們也常感覺到，即使同一個意思，甚至同一句話，會說話的人，能叫你眉飛色舞，不會說話的人，則叫你頭昏腦脹。

最後，要跟會說話的人多學習，多去傾聽別人的說話，西方有句諺語說：上帝之所以給人一個嘴巴兩隻耳朵，就是要人多聽少說。多聽，才是最有收穫的，不斷的豐富自己的內在知識，不斷的去學習別人的長處，用一顆自信與謙和的心來面對自己的每一次社交與工作中的場合，即使自己做得不夠好，只要努力，只要有真誠，相信你假以時日，一定能夠成為一位說話和溝通的高手，為自己的事業和生活帶來很多快樂！

當然，要變得能言善道並不是一時半晌的事情，它是一個過程，是要經過學習和鍛鍊的。能言善道是一個人的第一亮點，是一個人思想水準、才華技藝的集中「亮相」，是一輩子的財富，是通向成功的快車道，是終生受用的技能。如果你掌握了這種談吐方式和講話技巧，你就能在社交活動中如魚得水，受人矚目；在職場中游刃有餘，應付自如；在朋友面前談笑風生，妙語生花；在演講臺上，慷慨激昂，揮灑自如；在論辯壇上巧舌如簧，雄智多辯。

說話要有自己的風格

文章有文章的風格，說話當然也有說話的風格。培養自己說話的風格，使其獨樹一幟，對你的說話將造成意想不到的效果。

一個人說話有自己的風格，說話才容易吸引別人，並產生應有的魅力；同樣，如果你想成為說話高手，那麼，你的說話風格必須有某種獨特的地方，以便引起人們的注意，或者使人們容易記住你。當然，你可以利用自己的長相，或身體某種特殊之處，來引起別人注意，但這只能暫時的，也是遠遠不夠的，它只能幫助你引起人們的注意，而不能真正吸引人們。除非你有偉大人物的那種超凡的魅力，否則你必須培養自己說話的風格，這才是使你讓別人信服和不忘的最好方法。

記住你談話的風格，你與別人交談的方式，都能為你的名聲和你的成功做出重大的貢獻。如果你對下級講話趾高氣揚，甚至有鄙視的口吻，那下級就會怨恨你。如果你對上級講話過於謙恭，他們就可能認為你缺乏能力或者沒有骨氣，不敢委你以重任。你講話的風格，不僅僅是你使用詞彙的問題，而且是你使用詞彙的方式方法的問題，從中也能反映出你的態度和修養。因此要想建立自己的講話風格，說話就不能忽左忽右變化無常，更不要試圖去模仿別人，表現出不屬於自己風格或不適合自己風格的東西。雖然學習別人是件好事，但不要故意去模仿別人的風格或者說話的口吻。這個道理很簡單，不用多解釋誰都會明白，誰都不想遇到一個裝腔作勢的談話者。學別人說話，就像那種喝了大量酒的人，他隱瞞不了自己喝了酒的事實，因為人們一聞就明白了，「他把自己當成了別人」。

如果一個人的臉上長有疤痕，可以使用化妝品或藥品加以治療彌補。同樣，談吐方面的缺陷也可以改變，只要治療之前，自己能夠清醒地認知

到自己的這些缺陷。如果不清楚自己說話的缺陷，也可以試著拿一面鏡子對照自己說話的姿態：是否手勢過多，是否翹起嘴角，是否表情難看，是否過於冷漠、緊張、僵硬，是否強抑聲調……總之，要培養自己的說話風格，必須注意以下幾個方面：

▋說話別用鼻音

用鼻音說話是一種常見且影響極壞的缺點，當你使用鼻腔說話時，就會發出鼻音。如果你用大拇指和食指捏住鼻子，你所發出的聲音就是鼻音。如果你說話時嘴巴張得不夠，聲音也會從鼻腔而出。如果你期望自己在他人面前具有極大的說服力，或者令人心蕩神移，那麼你最好不要使用鼻音，而應使用胸腔發音。正確的方法是，平時說話時，上下齒之間最好保持半寸的距離。

▋聲音不要過尖

一個人受到驚嚇或大發脾氣時，往往會提升嗓門，發出刺耳的尖叫。一般女性犯此錯誤者居多，要多加注意。因為尖銳的聲音比沉重的鼻音更加難聽。你可以用鏡子檢查自己有無這一缺點：脖子是否感到緊張？血管和肌肉是否像繩索一樣凸出？下顎附近的肌肉是否看起來明顯緊張？如果出現上述情形，你可能會發出刺耳的尖聲。這時你就要當機立斷，快速讓自己放鬆下來，同時壓低自己的嗓門。

▋說話切忌時快時慢

一般來講，說話的速度很難掌握，即使是一些職業演說家或政治家，有時也不容易掌握好自己說話的速度。說話太快，別人就聽不懂你在說些什麼，而且聽得喘不過氣來。說話太慢，人們就會根本不聽你說，因為他

們缺乏一種耐心。據專家研究，適當的說話速度為每分鐘 120 ～ 160 個字之間，當我們朗讀時，其速度要比說話快。而且說話的速度不宜固定，你的思想、情緒和說話的內容會影響你表達的快慢。說話中掌握適度的停頓和速度變化，會給你的講話增添豐富的效果。

▌別濫用口頭禪

日常生活中，人們常聽到這樣的口頭禪，如「那個」、「你知道不」、「是不是」、「對不對」、「嗯」等。如果一個人在說話中反覆不斷地使用這些詞語，一定會損害自己說話的形象。口頭禪的種類繁多，即使是一些偉大的政治家在電視訪談中也會出現這種錯誤。

下面介紹幾種克服口頭禪的方法以供參考：

一是默念。出現口頭禪的原因之一，是對所講的內容不熟悉，講了上句，忘了下句，此時就要用口頭禪來獲得一點思考的時間，以便想起下句話。事前默念幾遍，對內容、措辭十分熟悉，正式講話時就能減少或不出現口頭禪了。

二是朗讀。克服口頭禪的朗讀法，就是將自己的口語，從不清楚變為清楚、流利的語言。如果內部語言流暢貫通，就不會出現口頭禪。出聲朗讀語言大師的作品，有助於用規範的語言來改善自己失控的語言。

三是耳聽。播音員、演員的語言，一般都較為規範，沒有口頭禪。平時聽廣播、看電影時，可邊聽邊輕聲跟著說。久而久之，你會驚喜地發現：自己的口語精練了，口頭禪少了，連發音也變標準了。

四是練習。聽聽自己的講話錄音，會對自己講話中的口頭禪深惡痛絕。這樣，往往能使自己講話時十分警惕，口頭禪也會隨之變少。

▎不要講粗話

講粗話是說話的惡習。俗話說，習慣成自然。隨便什麼事情，只要成了習慣，就會自然地發生。講粗話也是如此，一個人一旦養成了講粗話的習慣，往往是出口不雅，自己還意識不到。講粗話是一種壞習慣，是極不文明的表現，但要克服這種習慣並不是一件難事。比較有效的辦法是，找出自己出現頻率最高的粗話，集中力量首先改掉它。

▎杜絕口吃

口吃俗稱「結巴」，對於極少數的人來說是一種習慣性的語言缺陷，是一種病態反應，他們也被稱為口吃患者。口吃就是說話時字音重複或詞句中斷的現象，要想治癒說話「結巴」的問題，除藥物治療外，更重要的是去除心理障礙。日本前首相田中角榮少年時代就是口吃患者，為了克服這個缺陷，他常常朗誦課文，為了發音準確，就對著鏡子糾正口形，後來他成了一個著名的政治家、演說家。

話要說重點

在生活中，我們經常看到一些人喋喋不休、滔滔不絕地高談闊論，而又詞不達意，語無倫次，讓人聽而生厭；還有些人喜歡誇大其詞，侃侃而談，說話不留餘地，也沒有分寸。這樣的說話，表面看好像口才不錯，其實其結果恰恰相反，很容易造成畫蛇添足的惡果。

有人說，話不在多，點到為止，意思就是不管你怎樣說，說多說少，一定要講重點，說到別人的心坎裡。因此，我們在開口之前，應先讓舌頭在嘴裡轉十個圈，把多餘的廢話轉掉，準備一些簡單明瞭的話，一開口就

說重點，千萬不要東拉西扯，不知所云。

話要怎樣才能說重點？在這裡提出幾點建議：

▌說話要因人而異

一個人要善於說話才會受歡迎，要能夠根據不同的情況、不同的地點、不同的人物來和人溝通，通俗一點，就是要因人而異，要能夠根據不同的情況來說不同的話。

戰國時期著名的縱橫家鬼谷子曾經精闢地總結出與各式各樣的人交談的方法：

和聰明的人說話，要見識廣博；和見聞廣博的人說話，要有辨析能力；與地位高的人說話，態度要軒昂；與有錢的人說話，說話要豪爽；與窮人說話，要動之以情；與地位低下的人說話，要謙遜有禮；與好鬥的人說話要態度謙遜；與勇敢的人說話，不能稍顯怯懦；與愚笨的人說話，可以鋒芒畢露；與上司說話，須用奇特的事打動他；與下屬說話，要用切身利益說服他。

現在有人說話口無遮攔，甚至不經過大腦思考脫口而出，這樣的話虛無而沒有內涵。有人說話口是心非，前後不一，這樣的話虛偽而沒有實質。虛無的話和虛偽的話我們都不提倡，但我們在說話時必須講一點方式方法，也就是說話的方式要因人而異，所說對象不同，方式就不一樣。李密的〈陳情表〉寫得催人淚下，當然不少人覺得李密這人不厚道，如果真的是這麼有孝心的人，何必用那麼多的語言說自己多麼悽慘，祖母多麼悲涼？其實我想這篇文章之所以要這麼寫，是因為看這篇表的人是司馬炎的緣故。司馬炎是篡位之君，本就名不正言不順，再者，蜀的很多將士並不是真心歸順，他幾次要求李密做官而被拒絕，所以心生疑惑。再加上司馬

炎疑心十分重，如果李密這次上表不夠煽情是會死的，所以文章寫得過於深情就可以理解了。換言之，如果李密是給諸葛亮或者劉備上表，這樣寫的話就不行了。可見說話不看人，必然詞不達意，說了白說。

▌切莫「哪壺不開提哪壺」

俗話說：牽牛要牽牛鼻子，說話同樣如此，需要洞察對方心理，了解奴才方的心理需求，切莫「哪壺不開提哪壺」。

有人說過這樣一件事：一位老人問另一位老人多大歲數了。對方不願意如實相告，打哈哈說自己記不清楚，問者卻不知趣，或者很遲鈍，依然「執迷不悟」，窮追不捨地又問對方屬什麼生肖？對方無奈，說出事實。問者竟認真地掐指一算，並且說：「七十三歲了，災厄之年，當心。」真是哪壺不開提哪壺，被問者聽了很生氣。

在社會上，在我們的周圍，這種不顧及別人感受張口就愛問的人還真是不少。比如，一些人喜歡打問別人的薪資、退休金，一些人喜歡打問女性的年齡。殊不知，這正是人家所忌諱別人打問的。所以說，我們盡量不要提及和打問這些人家忌諱的事情或隱私。就是說，和別人說話，也要注意有所「忌口」：不該說的不說、不該問的不問。

在我們的周圍，總有一些「包打聽」式的人物，對別人什麼事情都感興趣，對別人什麼事情都好奇，對別人什麼事情都打聽。而對別人的一些隱私問題、一些敏感問題、一些忌諱的問題，尤其感興趣，尤其好奇，尤其愛打聽，並且是軟纏硬磨，死乞百賴不罷休地打聽，而且打聽了後又去四處學舌，讓別人既生氣又尷尬且很無奈。這種「包打聽」式的人物，實際上也是人品修養與道德的欠缺，既顯得不夠厚道，也顯得淺薄庸俗不知趣；既不尊重別人，也不夠自尊自重。

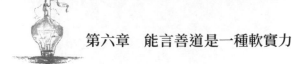

▌學會察言觀色

人們的言與色有時是簡單外露的，對它的體察是容易的；有時是複雜隱蔽的，對它的體察就比較困難。一般來說有以下幾點應注意：

首先，性格定向和語言定位。社交中的察言觀色，說到底是對對方言談舉止、神態表情的微妙變化及其含義進行捕捉和判斷，是一個「由表及裡」的過程。性格定向和語言定位，是這個過程的第一步。

性格定向就是透過對其表情、言語、舉止的觀察分析，掌握其性格類型。你可以甩出一兩個對方很敏感的問題，靜觀一下他的反應方式和程度。值得注意的是，這種觀察一定要細緻入微，千萬不要因為對方看上去似乎毫無反應，就斷定他是傻瓜，正如看了悲劇，有人流淚，有人木訥，你不能說木訥的人就沒有被感動。在摸透了對方性格類型之後，就要設法捕捉最能反映他思想活動的典型動作和典型部位，也就是「語言點的定位」。眼、手、腿、腳、身體每一部位的肌肉，都可能是「語言點」的所在。

有些現象的含義人們是很清楚的。如腿的輕顫，多是心情悠然的表現；雙眉倒豎，二目圓睜，是憤怒的特徵；而微蹙眉頭，輕咬嘴唇，則是思索的含義。另外還應該特別注意對方的手，儘管許多人可以巧妙地掩飾許多東西，但還是存在一些普遍性的動作。如憤怒時握緊拳頭，或是將紙菸、鉛筆之類的東西捏壞，甚至可能兩手發抖；興奮緊張時，雙手揉搓，或者根本不知道該把手放在什麼地方；思索時，手指在桌面、沙發扶手、大腿等地方有節奏地輕敲等等。

其次，抓住「決定性瞬間」。任何一個人，對自己神情的掩飾，都不可能達到絕對的滴水不漏。關鍵問題是，你在對方錯綜複雜的神情變化中，能否準確判斷哪一個變化是有決定性的。對於機智的人來說，其彌補

失誤的本領也是異常高超的，他不可能讓你長時間地洞悉到他的破綻。因此，時機對你非常寶貴。至於究竟什麼才是這種「決定性瞬間」的具體顯現，怎樣才能將其判明並抓住，那只能具體情況具體分析，憑藉你的經驗和感覺來定奪，無固定模式可循。

　　掌握了以上幾點，再配以平時的學習和觀察，你就一定能說重點，說到人家的心窩裡。

說好話才能辦好事

　　生活中我們經常看到，有時候一句話可以化干戈為玉帛，也可以讓朋友變成仇人，可以功敗垂成，更可以改變人生。可見，說話與我們的生活密切相關。懂得說話技巧的人，到處都會受人歡迎。他們能夠使許多素不相識的人攜手合作，成為朋友；他們能夠為人們排憂解難，消除疑慮和誤會；他們能夠安撫人們煩悶的心靈，從而勇敢地面對現實；他們能夠鼓勵悲觀厭世的人，使其微笑著迎接新生活。

　　人生要想提升素養，說話就需要提升水準。時至今日，語言已成為人際交往中最重要的方式，說話更是人際溝通中最不可缺少的工具。提升說話水準，掌握語言藝術，已發展成為如今成功人生的必備能力。

　　因此，我們必須努力提升說話的水準，掌握高水準的語言技能。我們任何人都不可能是天生的語言大師，所以說話水準技巧只能是在學習中不斷提升，在實踐中不斷增強，只要運用其中的方法和技巧，任何人都可以自如地駕馭語言，瀟灑從容地與他人交流。

　　比如，恰當地把說話中不同的問語使用好，就能取得滿意的辦事效果。應該注意的是，對小孩或同儕，說話要坦誠、親切；對老年人或自己的師長，則要尊重他們，讓人感覺到你這個晚輩懂禮貌、有教養。

話說孔子帶著他的幾名學生出外講學、遊覽，一路上十分辛苦。這一天，孔子一行人來到一個村莊，他們在一片樹陰下休息，正準備吃點乾糧、喝點水，不料，孔子的馬掙脫了韁繩，跑到莊稼地裡去吃了人家的麥苗。一個農夫上前抓住馬嚼子，將馬扣下了。

　　子貢是孔子最得意的學生之一，一貫能言善辯。他憑著不凡的口才，自告奮勇地上前去企圖說服那個農夫，爭取和解。可是，他說話文縐縐，滿口之乎者也，天上地下，將大道理講了一串又一串，儘管費盡口舌，可農夫就是聽不進去。

　　有一位剛剛跟隨孔子不久的新學生，論學識、才能遠不如子貢。當他看到子貢與農夫僵持不下的情景時，便對孔子說：「老師，請讓我去試試看。」於是他走到農夫面前，笑著對農夫說：「你並不是在遙遠的東海種田，我們也不是在遙遠的西海耕地，我們彼此靠得很近，相隔不遠，我的馬怎麼可能不吃你的莊稼呢？再說了，說不定哪天你的牛也會吃掉我的莊稼哩，你說是不是？我們該彼此諒解才是。」

　　農夫聽了這番話，覺得很在理，責怪的意思也就消失了，於是將馬還給了孔子。旁邊幾個農夫也互相議論說：「像這樣說話才算有口才，哪像剛才那個人，說話不聽。」

　　從這個例子可以看出，把話說好就能辦好事，但說好話並不一定是那種能言善辯的口才，而是要根據說話的對象和場合，否則，別人不買你的帳也是白搭。

　　所以說，我們不僅要說好話更要辦好事，辦好事的前提就是你要學會怎麼把話說好！一個連話都說不好的人，怎麼會和別人有效溝通呢？怎麼會把事情辦好呢？

　　有個故事講，在酒足飯飽後，國王問大臣：你們說，世界上什麼最

難？大臣回答：「世界上說話最難。」大臣這句話隱含的意思是：說話最難，尤其是和國王說話最難。這個故事中所謂的「說話最難」，指的其實就是「說好話最難」。

曾在一次培訓中，有位老師也問在場的學員：「你們認為自己很會說話的，請舉手。」近百個培訓學員中只有 2 ～ 3 個人舉了手，還是猶豫不決的。這件事也足以說明，凡是有一定工作經驗的人都知道，說話容易，但是要把話說到位，非常困難。因此如今有一些管理者講：我應徵人的時候，看他能力的高低，就看他說話的水準的高低。由此可知說話多麼重要！到底要怎麼樣才能說好話呢？我們再看一個故事：

《史記‧滑稽列傳》中說，楚莊王特別喜歡馬，替馬披綢緞，餵棗肉，搭花床。有一匹馬因餵得過肥而死了，楚莊王叫人給這匹馬按「大夫」的葬禮辦喪事。大臣勸他不要這樣揮霍，楚莊王動怒說：「誰敢再勸，殺他的頭！」

這樣一來，誰還敢再勸呢？可是有一位叫優孟的大臣聽說這事後，闖入王宮，仰天大哭。

楚莊王驚異地問：「優孟，你為何哭得如此悲傷？」

優孟說：「大王心愛的馬死了，用『大夫』的葬禮不夠排場，應該用國君的葬禮：用玉石做棺，最好的木頭做槨，出葬時，叫各國的使節都來送葬，給牠最高的封號。」優孟見楚莊王迷惑不解，接著說：「這樣，人們知道大王您特別喜愛馬，而且把馬看得比任何人都高貴萬倍。」

楚莊王聽出話裡有蹊蹺，問道：「難道我的過錯有這麼嚴重？該怎麼辦才好呢？」

優孟笑道：「依我說，用銅鍋作棺椁，使爐灶做棺套，用蔥上供，給牠穿上火做的袍子，埋入肚裡，這是最好的葬禮。」

楚莊王點頭應允了。

　　從這個故事得知，優孟如果直諫，楚莊王不會接納，而且諫者也徒然的犧牲了生命，現在優孟用了反面的話來諷諫，終於達到了諷諫的目的，這便是一種逆向操作的說話技巧，這樣就把話說好了，把事也處理好了。

　　在日常生活中，會說話的人，總可以流利地表達出自己的意圖，也能夠把道理說得很清楚、動聽，使別人很樂意地來接受。有時候還可以立刻從問答中，測定對方說話的意圖，從對方的談話中得到啟示，增加自己對對方的了解，跟對方建立良好的友誼。不會說話的人則恰恰相反，不能完全地表達出自己的意圖，往往還把事情辦砸了。

說話做到簡潔有力

　　說話的目的很簡單，就是：告訴和說服。但這個簡單的目的實現起來比登天還難。為什麼有人囉哩囉唆、婆婆媽媽地說了一大堆，人家還是聽不懂？為什麼有的人引經據典、旁徵博引地說了一大套，對方還是不明白？說話不簡單，聽著就聽會複雜，你越是想說清楚，就越是把聽者給繞糊塗了。

　　而最會說話的人永遠是言簡意賅的人，他們所說的都是最有效的話。他們透過簡單明確地語言，能把最複雜、最困難、最麻煩的話說清楚，將透徹，而且也最容易被不同的人理解、接受和執行。

　　那麼，讓我們來看看如何將複雜的話簡單說：

▌有話直說

　　說話不是寫文章，沒必要「為賦新詞強說愁」。即便是把說話當成寫文章，也沒有必要彎彎繞。說話更不必別彆扭扭，有話直說好，原原本

本，清清楚楚。有話說的人，根本沒有時間瞎思索——只有那些無病呻吟的人，才哼哼唧唧耍哀憐。

要想說話動人動聽，就先要回到說話的根本——溝通，這時，你會發現，說話只有簡單直接最有效。

丈夫說：老婆，最近我們家又超支了，我們討論怎麼節省開支好不好？這種說法，相信大多數「妻子」會接受，平心靜氣地和丈夫商量怎麼「節流」。

妻子說：「老公，最近家裡錢不太夠花。你能不能想想辦法賺點『外快』啊？」妻子這麼說，丈夫也多數會接受。

可見，簡單說話，往往是說實際情況，很少摻雜個人主觀色彩。這正是簡單說話最有效的原因之一：直接告訴對方有什麼事，我的意見是什麼。

簡單說話強調簡單直接，但也不是不講究說話的順序、聲調、快慢等說話要素，而是要在說話簡單的前提下，使用多種說話的技巧，把話說簡單，說透徹，說到位。

▌長話短說

古語說：「有話即長，無話即短」，但是有著「八股癖」的人，卻非要「短話長說」，他們覺得「長說」很過癮。認為這樣說話在鎮住對方的同時，也顯示了自己原本的知識，「何樂而不為」呢？

從說話的目的來說，無論我們說話的內容有多少，都要盡量地「長話短說」。長話短說可以鍛鍊人的快速思考能力，提升行動的敏捷性。況且，現代社會人人都很忙，誰也沒時間聽別人長篇大論。倘若按照「寸金寸光陰」來算，喜歡短話長說的人，浪費自己的時間和浪費別人的時間該值多少錢呢？這真和搶劫差不多了。要想不成為他人眼裡的「搶劫犯」，這話無論如何也得往短了說。

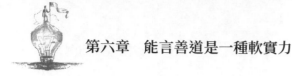

急話慢說

我們可以把話說簡單，說精彩，說重點。但是如果我們說話的時候心理著急，那麼本來簡單易懂的話可能就會被我們說得不成樣了。

人為什麼會心急呢？原因有很多，但主要原因還是因為覺得自己駕馭不了所面對的局勢。其實，事情一旦開始執行，是否駕馭得了就不那麼重要了，腳踏實地做好就行了。

說話也是如此，誰也不可能不說話，而且肯定有自己不敢說而又不得不說的時候。在這種時候，大可以放平心態，有話直說，長話短說，別顧慮那麼多，簡簡單單地把話說出來。相反地，如果你因為心急，支支吾吾、顛三倒四地說了半天，讓人家聽得一頭霧水，半天聽不出來個所以然來。

急話慢說不僅是對自己，對別人也要如此。有些事情從一開始就讓人著急，而人一著急，除了說話語無倫次，表情也會變得僵硬，甚至猙獰恐怖。話還沒說，自己的表情先把對方給嚇住了，於是對方也跟著著急，結果會什麼樣子？恐怕不難想像。所以，為了避免自找麻煩，慢慢地把話說簡單，化解矛盾是時時刻刻都要遵循的原則。

事比理強

有時候，因為聽眾水準參差不齊，要想用簡單的幾句話，讓所有的聽眾就明白，確實有點難。不過，說話水準是怎麼顯示出來的，就是在別人都說不明白的時候有人把它說明白了，這樣的人就是說話的高手。

「對牛彈琴」在過去只能是知音難覓的一聲嘆息，但在今天，對乳牛播放音樂卻可以增加牠們產奶的品質和產量 —— 牛並不是聽不懂音樂，而是那些音樂不對牠們的「胃口」而已。

看來，任何事情都有它最合適的表達方式，找到了，做起事來就會事半功倍，反之，只能事倍功半。

除了那些胡攪蠻纏的抬槓者，我們不必跟他們把話說明白之外，大多數能跟我們說上話的人都有可能成為我們的知音，而他們之所以沒有成為我們真正意義上的知音，是我們自己知難而退，沒有把話說明白，更沒有替對方的耳朵著想。既然如此對方當然就不會有我們所希望的積極響應了，我們當然也就知音難覓了。可見，站在對方的角度考慮如何把話說簡單，是我們說話的核心所在。

幽默說話是一種智慧

說話風趣詼諧，幽默睿智，這是很高的藝術。在人與人的談話中運用這種藝術會收到很好的效果。比如與別人初次見面，幽默的談話會贏得對方的好感。當雙方發生矛盾衝突時，幽默的談話會冰釋前嫌。具有幽默感的批評，使人樂意接受。在工作勞累的時候，來點幽默的笑話，使人得到積極的休息。總之，幽默是社交中不可缺少的潤滑劑。

有一日，著名國畫大師張大千要返回老家。行前，他的學生糜耕雲設宴為大師餞行。這次宴會邀請了社會名流出席。宴會伊始，張大千先生向賓客敬酒時說：「先生，你是君子，我是小人，我先敬你一杯。」賓客不解其意，忙含笑問：「此作何解？」人千先生笑著答道：「你是君子——動口，我是小人——動手。」張大千先生的幽默引得賓客為之大笑。

雷根說：「在生活中，幽默能促進人體健康；在政治上，幽默有利於自己的形象和得分。」他就任美國總統後第一次訪問加拿大期間，他發表演說不時被舉行反美示威的人群所打斷，加拿大總理皮埃爾·特魯多感到難堪，緊皺雙眉，而他卻滿臉笑容地對特魯多說：「這種事情在美國時有

發生。我想這些人一定是特地從美國來到貴國的。他們想使我有一種賓至如歸的感覺。」這幽默的話把特魯多說得眉開眼笑了。

雷根決定恢復生產新式的 B——1 轟炸機時，引起了許多美國人的反對。在一次記者招待會上，面對一群反對他的這項決定的人說：「我怎麼不知道 B－1 是一種飛機呢？我只知道 B－1 是人體不可缺少的維生素。我想，我們的武裝部隊也一定需要這種不可缺少的東西。」他這話既幽默又堅定，反對人就不好再說什麼了。

遇到挑釁的問話的時候，用幽默的語言回答，比直接駁斥有時會取得更好的效果。愛迪生致力於製造白熾燈泡的時候，有人取笑他說：「先生，你已經失敗了 1,200 次了。」愛迪生回答說：「我的成功就是發現了一、二百種材料不適合做燈絲！」說完，他自己哈哈大笑。他的幽默答話化解了自己的窘境，對方再也說不出挑釁的話了。

法國著名演講家說過：用幽默的方式說出嚴肅的真理，比直截了當地提出更能為人接受。比如，交通安全週貼出這樣的標語：「閣下，駕駛汽車，時速不超過 30 公里，可以飽覽本市的美麗景色；超過 60 公里，請到法庭做客；超過 80 公里，歡迎光顧本市設備最好的急救醫院；上了 100 公里，祝君安息吧！」

幽默的語言會給批評增加針砭和說服的力量。對於敵人，幽默辛辣的諷刺則是有力的打擊。第二次大戰期間，阿道夫‧希特勒（Adolf Hitler）到一個精神病院視察。這裡的病人大多數持不同政治立場。希特勒問他們是否知道自己是誰，病人搖搖頭。於是希特勒大聲吼叫：「我是阿道夫‧希特勒，你們的領袖。我的力量之大，可與上帝相比！」病人們不理睬他，露出了鄙視的微笑。有位病人拍拍希特勒的肩說道：「是啊！是啊！我們開始得病時，也像你這個樣子。」這句話有力地抨擊了希特勒神經質

且不可一世的氣焰。

但運用幽默說話時也要注意，幽默要因人因事因境而異，不是任何時候任何場合下都可以幽默說話的。另外，幽默也要簡單而不能太過度，許多時候我們可以用自嘲來解圍，但不要嘲笑別人。尤其是我們在運用敵意幽默時要慎重，慎之又慎，否則只能弄巧成拙，對人際良好關係的建立和發展都不利。

巧妙應變的說話技巧

卡內基曾經說過，掌握神奇機智的語言應變技巧，無論是對演講還是對於講話來說，都具有重要的作用。

有一次，林肯在某個報紙編輯大會上發言，指出自己不是一個編輯，所以他出席這次會議，是很不相稱的。為了說明他最好不出席這次會議的理由，他給大家講了一個小故事：

「有一次，我在森林中遇到了一個騎馬的婦女，我停下來讓路，可是她也停了下來，目不轉睛地盯著我的面孔看。

她說：『你大概是我見到過的最醜的人。』我說：『你可能講對了，但是我又有什麼辦法呢？』她說：『當然你天生就這副醜相是沒有辦法改變的，但你還是可以待在家裡不要出來嘛！』」眾人為林肯幽默的自嘲而大笑。

在交談中，當對方有意無意地觸犯了你，把你置於尷尬境地時，借助幽默擺脫窘境，也是一種適當的選擇。

五十年代初，美國總統杜魯門會見十分傲慢的麥克阿瑟將軍。會見中，麥阿阿瑟拿出菸斗，裝上菸絲，把菸斗叼在嘴裡，取下火柴。當他準

備劃燃火柴時，才停下來，對杜魯門說：「我抽菸，你不會介意吧？」

顯然，這不是真心徵求意見，在他已經做好抽菸準備的情況下，如果對方說他介意，那就會顯得粗魯和霸道。

這種缺少禮貌的傲慢言行使杜魯門有些難堪。然而，他看了麥克阿瑟一眼，自嘲道：「抽吧！將軍，別人噴到我臉上的菸霧，要比噴在任何一個美國人臉上的菸霧都多。」

由此可見，當令人難堪的事實已經發生，運用自嘲能使你的自尊心透過自我排解的方式受到保護，並且，還能體現出說話者的大度胸懷。

遇到人「揭短」，如果羞怯萬狀，既不能正常地保持沉默，又不能機智地改變處境，以至失態，那就顯得有些「小器」了。而保持泰然自若的風度，暫時把「揭短」拋置一邊，尋找別的話題，或點起一支菸，端起一杯茶，轉移別人的視線等，才是上策。

當然，最佳方案是急中生智和具幽默感。一位作家剛發表一篇小說，獲得了讚譽之聲。另一位作家卻不以為然，跑去問他：「這本書還不錯，是誰替你寫的？」他答道：「哦，謝謝你的稱讚，不過，是誰替你把它讀完了？」幽默的回敬，對「揭短」者也是一種應付之道。

卡內基總結過，在談話中有意說錯話也是語言應變的技巧之一。人們說話交談，總是盡量避免出現差錯。可是，在某些情況下，有意地念錯字，用錯詞語，卻有神奇的功效，能豐富語言的表現力，使人的談吐生輝。故意把話說錯，有時是為了蓄勢布陣，待對方批評指正時，再借題發揮，給予回擊。

過去有個藥鋪老闆每到大年三十晚上，就點上香向菩薩禱告：「大慈大悲的菩薩，願您保佑男女老少都多病多災，我好發一筆大財！」這話被一個下人聽到了。不久，老闆的母親得到了肺炎，躺在床上痛苦不堪，下

人對老闆說：「老太太病得不輕，這全是托菩薩的洪福！」老闆聽了大怒。下人說：「老闆息怒，您不是求菩薩保佑男女老少都得病嗎？這下菩薩顯靈了。」老闆啞口無言。

巧妙應變的說話技巧很多，比如沒話找話、虛張聲勢、移花接木、正話反說、一語雙關、巧用諧音等，關鍵在於個人的靈活運用，才能生出奇效，使說話變成一種特殊的軟實力。

近來網路上有一篇文章，叫「12 條對你有用的說話技巧」，現摘錄下來送給大家：

急事，慢慢地說。遇到急事，如果能沉下心思考，然後不急不躁地把事情說清楚，會給聽者留下穩重、不衝動的印象，從而增加他人對你的信任度。

小事，幽默地說。尤其是一些善意的提醒，用句玩笑話講出來，就不會讓聽者感覺生硬，他們不但會欣然接受你的提醒，還會增強彼此的親密感。

沒把握的事，謹慎地說。對那些自己沒有把握的事情，如果你不說，別人會覺得你虛偽；如果你能措辭嚴謹地說出來，會讓人感到你是個值得信任的人。

沒發生的事，不要胡說。人們最討厭無事生非的人，如果你從來不隨便臆測或胡說沒有的事，會讓人覺得你為人成熟、有修養，是個做事認真、有責任感的人。

做不到的事，別亂說。俗話說「沒有金剛鑽，別攬瓷器活」。不輕易承諾自己做不到的事，會讓聽者覺得你是一個「言必信，行必果」的人，願意相信你。

傷害人的事，不能說。不輕易用言語傷害別人，尤其在較為親近的人

171

之間，不說傷害人的話。這會讓他們覺得你是個善良的人，有助於維繫和增進感情。

傷心的事，不要見人就說。人在傷心時，都有傾訴的慾望，但如果見人就說，很容易使聽者心理壓力過大，對你產生懷疑和疏遠。同時，你還會給人留下不為他人著想，想把痛苦轉嫁給他人的印象。

別人的事，小心地說。人與人之間都需要安全距離，不輕易評論和傳播別人的事，會給人交往的安全感。

自己的事，聽別人怎麼說。自己的事情要多聽聽局外人的看法，一則可以給人以謙虛的印象；二則會讓人覺得你是個明事理的人。

尊長的事，多聽少說。年長的人往往不喜歡年輕人對自己的事發表太多的評論，如果年輕人說得過多，他們就覺得你不是一個尊敬長輩、謙虛好學的人。

夫妻的事，商量著說。夫妻之間，最怕的就是遇到事情相互指責，而相互商量會產生「共情」的效果，能增添夫妻感情。

孩子們的事，開導著說。尤其是青春期的孩子，非常叛逆，採用溫和又堅定的態度進行開導，可以既讓孩子對你有好感，願意和你成為朋友，又能造成說服的作用。

打一巴掌不忘揉三揉

人人都喜歡表揚、讚美，批評總是令人難堪的。但是，人非聖賢，孰能無過？如果我們發現別人的錯誤而不能指出，甚至還要隨聲附和，那會是件多麼令人難過且不安的事情。

因此，要擺脫「說」還是「不說」這種左右為難的尷尬局面，需要掌握批評的技巧。批評是交際中最難掌握的一種表達方式，要考慮時間、

地點、對象等多種複雜因素，其守旨是要照顧對方的自尊心，力求不傷害對方。

再說，任何人在一生之中都無可避免地要犯許多錯誤，有些錯誤甚至會是致命的。對待那些犯了錯誤的人，人們總是會給予批評。因為，他們在工作中出現了失誤，就應該承擔相應的責任。人們埋怨他、責怪他也是情理之中的事。但是，批評了他，發洩完了自己的不滿之後就完事了嗎？

1909年，德國的最後一位皇帝威廉二世就曾因為出言不遜招致了大麻煩。當時的德國在整個歐洲大陸堪稱後起之秀，雖然不能與強國英國和法國相提並論，但它的實力絕不允許任何一個國家輕視，威廉二世身為一國之君，極其傲慢，經常口無遮攔。布洛親王為人謙虛和善、風度優雅，深得德國人民的愛戴。同時他也對威廉二世的所作所為極為不滿，認為他不能算是一名賢明的君主。所以，當威廉二世向他提出一些荒謬的建議時，他再也無法忍受了，他極力控制著自己的情緒，對威廉二世說「陛下，這對我來說幾乎不可能。全德國和英國沒有人會相信我建議陛下說出這些話。況且，一個人總要為他所做的一切承擔責任，不是嗎？」布洛親王的話剛一出口，就意識到自己犯了一個大錯誤，他想改口已經來不及了。

「住口！」威廉二世聽到布洛親王這樣對自己講話，大為惱火，他咆哮道：「你認為我是一個蠢人嗎？難道你自己就沒有犯過錯誤嗎？你膽敢蔑視國王！」

布洛親王知道自己剛才講話的方式欠妥，但已經太遲了，話已出口，想收也來不及了。他只好改變策略，十分誠懇地對威廉二世說：「我絕對沒有這個意思，陛下在許多方面都勝我很多，尤其是在自然科學方面。在陛下解釋晴雨儀，或是無線電報，或是威廉‧倫琴（Wilhelm Röntgen）放射線的時候，我經常是全神貫注傾聽的。而且，內心十分佩服陛下，同時

對自己感到慚愧，因為我對自然科學茫然無知，對物理和化學毫無概念，甚至連解釋最簡單的自然現象的能力都沒有。」布洛親王繼續說：「但是為了補償這方面的缺點，我學習了某些歷史知識，以及一些可能在政治上，特別是對外交上有幫助的知識。」當威廉二世聽到這時，臉上終於露出了微笑，他說道：「我不是經常告訴你，我們兩人互補長短，就可以聞名於世嗎？我們應該團結在一起。」接著他十分激動地握住布洛親王的雙手繼續說：「如果任何一個人敢對我說你的壞話，我就一拳打在他的鼻子上。」

布洛親王的做法是值得我們仿效的。在痛斥對方之後，一定不要忘記立即補上安慰或鼓勵的話語。因為，任何人在遭受斥責之後，必然會垂頭喪氣、心灰意冷，對自己的信心喪失殆盡，心中不由會想：這下我完了，今後永無出頭之日了。如果他真的抱有這種想法，結局只有兩種可能：要麼自暴自棄；要麼與你反目成仇、玉石俱焚。如此，你們之間今後將難以共處。所以，當別人犯錯誤後，「打一巴掌不忘揉三揉」。

你可以試著去改變一個人，但不能傷害他的感情，更不能引起他的憎恨。適時用一兩句溫馨的話語來鼓勵他，並告訴他：因為你是很有前途的，所以才批評你。這樣，他就會從內心深深體會到你的「愛之深，責之切」，並將更加發奮努力。

伏爾泰曾有一位僕人，有點懶惰。一天伏爾泰請他把鞋子拿過來。鞋子拿來了，但布滿泥污。於是伏爾泰問道：「你早上怎麼不把它擦乾淨呢？」

「不需要，先生。路上到處都是泥污，兩個小時以後，您的鞋子又要和現在的一樣髒了。」

伏爾泰沒有講話，微笑著走出門去。僕人趕忙追上說：「先生慢走，

鑰匙呢？食櫥上的鑰匙，我還要吃午餐呢。」

「我的朋友，還吃什麼午餐。反正兩小時以後你又會和現在一樣餓了。」

伏爾泰巧用幽默的話語，諷刺了僕人的懶惰。如果他厲聲喝斥他、命令他，則就不會有這麼好的效果了。

我們經常看一些歌唱比賽、辯論賽，在專家評論時，他們經常用這種幾乎是無往不勝的妙招：先指出選手的優點，然後再根據具體情況指出不足之處。不僅是在這些比賽中，在談判桌前、在工作中、在生活中、在一切與人相處中都會用得著這一招「先揚後抑」法。老師為了不打擊學生的自信心和學習積極性，總會先分析這位學生的優點，進步的地方，然後再慢慢道出他的不足之處。這種方法會讓人在心理上能夠接受，面子上也過得去。既達到目的，又保住自己且不傷害別人，何樂而不為呢？

說「不」的策略與禁忌

社會很複雜，人心也很複雜，很多時候我們不能太顧及面子，要學會說「不」，要勇於說「不」，更要善於說「不」。當別人的行為有錯誤，說「不」比一味迎合更重要，迎合容易使對方忽視自己的缺點，沉浸於虛幻世界裡，不利於對方進步；說「不」也可以杜絕一些不必要的麻煩，遠離阿諛奉承甚至居心叵測。總之，說「不」就像在炎炎夏日使人冷靜清醒下來的冰水，在需要說「不」的時候絕不能含糊。

不過，說話講究策略，說「不」更要有策略，否則拒絕二字將給你的生活增添不少麻煩。

◆ **找個機會說「不」**：在生活中，面對不喜歡的對象，要出其不意地敲

他一下，以便打退對方。若缺乏機會，不妨製造機會，先使對方興高采烈，然後趁對方缺乏心理準備，臉仍在笑嘻嘻時，找到藉口及時退出，達到拒絕的目的。

- **模糊地說「不」**：明明白白的「不」難以說出口，那何不來點「模糊學」，使對方糊裡糊塗、心甘情願地就被你拒絕了。外交官們在遇到他們不想回答或不願回答的問題時，總是用一句話來搪塞：「無可奉告。」生活中，當我們暫時無法說「是與不是」時，也可用這句話。還有一些話可以用做搪塞，如「天知道」「事實會告訴你的」等等。

- **黃雀在後般地說「不」**：如果將對方的要求一口回絕，有可能讓對方下不了臺，覺得沒有面子。那麼我們可先肯定對方的一部分要求，給對方一些鼓勵，讓他放棄被拒絕的戒心，再出語說「不」。這種拒絕的方式，對方一般都會欣然接受。如：老太太瑪麗亞是個非常熱情的人。一天她對女鄰居蘇珊發出了邀請：「晚上到我家來玩，好嗎？蘇珊。」「行啊！你家那噴香的餡餅，我也好久沒嘗到了，不過我丈夫今天剛回來。」蘇珊的丈夫新婚不久就因公務赴國外，至今快兩個月了。隨便想一下，老太太自然明白什麼意思。

- **用拖延來說「不」**：若一位女友想和你約會，她在電話裡問你：「今天晚上八點鐘去跳舞，好嗎？」你可以回答：「明天再約吧！到時候我打電話給你。」

- **用沉默說「不」**：一位不大熟識的朋友邀請你參加晚會，送來請帖，你可以不予回覆，它本身說明，你不願意參加這樣的活動。

- **用迴避說「不」**：若你和朋友去看了一部拙劣的武打片，出影院後，朋友問：「你覺得這部電影怎麼樣？」你可以回答：「我更喜歡抒情

的電影。」

◆ **用反詰說「不」**：假如你和別人一起談論國家大事。當對方問：「你是否認為物價成長過快？」你可以回答：「那麼你認為成長太慢了嗎？」你的戀人問：「你討厭我嗎？」你可以回答：「你認為我討厭你嗎？」

◆ **用推託說「不」**：比如一個飯店服務人員，一位客人請求替他換個房間，則可以說：「對不起，這出值班經理決定，他現在不在。」

◆ **用客氣說「不」**：當別人送禮給你，而你又不能接受時，你可以客氣地回絕：一是說客氣話；二是表示受寵若驚，不敢領受；三是強調對方留著它會有更多的用途等。

◆ **友好地說「不」**：一位作家想同某教授交朋友，作家熱情地說：「今晚我請你共進晚餐行嗎？」不巧教授正好有事，便帶著歉意說：「對你的邀請我感到十分榮幸，可我暫時實在無法脫身，真抱歉！」

◆ **大膽地說「不」**：很多時候，要不得罪人確實是一種難事，甚至是一種奢求，因此我們面對某些人的無理取鬧，特別是面對時弊陋習，務必斷然予以拒絕，大膽把「不」說出口。記得錢鍾書先生曾把時下流行的祝壽、紀念會和某些所謂學術討論會一概拒之門外，而且毫不客氣地一連說出七個「不」：「不必花些不明不白的錢，找一些不三不四的人，說些不痛不癢的話。」錢老夫子絕不媚俗，該拒則拒，絕不留情。

有些人經常在該說「不」的時候沒有說「不」，結果到頭來既害己，又害人，將人際關係弄糟。同時，我們在說「不」的時候，也要注意一些禁忌：

- **忌說話綿軟無力**：拒絕別人時若說話綿軟無力甚至哼哼嘰嘰半天講不清楚，會讓人容易產生一種厭惡，認為你不是幫不了他，而是根本不想幫他，因為一般而言只有心虛的人才會如此吞吞吐吐。

- **忌熱情過頭**：既是拒絕別人就認真說出理由，之後無論表示惋惜也好，無奈也好，別人不樂意，但也不能對你的拒絕妄加指責，但你若為了彌補對方，一股腦地說「可惜可惜」「下次下次」「一定一定」，則未免有些虛偽。

- **忌觸動感情**：據心理學家研究，「觸動」是很容易產生共同感受的，故想說「不」時應注意避免。給人以「敬而遠之」的態度，比較容易把「不」說出來並說得較好，或者說，對方試圖與你套近乎，你要保持頭腦清醒，以免做了感情俘虜，給對方可乘之機。

- **忌藉口不當**：有些人不想直接說「不」，便隨便找些不值一駁的理由來暫時搪塞對方，以求得一時的解脫。這個方法並不好，因為對方仍可以找理由跟你糾纏下去，直到你答應為止。

有人說，如果你想真正了解一個人，就請注意他拒絕別人時的樣子，這是一個人的全部。「不」不僅體現一個人的性情，也詮釋了一個人做人的標準，在該說不的時候大膽把「不」說出口，是一種境界。

第七章
團隊合作越來越重要

劉邦與項羽，一弱一強，卻又一勝一敗，為什麼？不少人認為項羽很有古代英雄的氣概，而劉邦卻缺乏勇士的品格。顯然這種評價是迂腐的。劉邦之所以能夠戰勝項羽，就是因為他身為那個年代新勢力的領袖，特別重視團隊的作用，善於團結各路英才，發揮團隊的力量，從而達到一己之力所不能達到的人才集聚放大效應，這才是根本。放眼當今社會，不管是在企業或者是在科學研究機構，都講究團隊的合作精神。

單打獨鬥無法成就大事

「飛將軍」李廣是個人才，而且是個傑出的人才，這是毋庸置疑的。但是為什麼爭議這麼多？為什麼難以封侯？為什麼出師不利而自殺，成為歷史上一個帶有悲劇色彩的人物呢？我們在這裡不探討其他各種複雜的原因，僅就人才成長中的團隊合作問題做些分析。

在歷史上，這樣的經驗教訓很多。比如劉邦與項羽，一弱一強，卻又一勝一敗，為什麼？劉邦自己總結說，「夫運籌策帷帳之中，決勝於千里之外，吾不如子房（張良）；鎮國家，撫百姓，給饋餉，不絕糧道，吾不如蕭何；連百萬之軍，戰必勝，攻必取，吾不如韓信。此三人者，皆人杰也，吾能用之，此吾所以取天下也；項羽有一范增而不能用，此其所以為我擒也。」而項羽在幾乎孤家寡人的形勢下，曾向劉邦提出單獨決鬥的挑戰：「天下匈匈數歲者，徒以吾兩人耳。願與漢王挑戰，決雌雄」。劉邦的回答是：「吾寧鬥智，不能鬥力」。最後逼得「力拔山兮氣蓋世」的項羽只能走投無路，自刎於烏江之邊。

不少人認為項羽很有古代英雄的氣概，而劉邦卻缺乏勇士的品格。顯然這種評價是迂腐的。劉邦之所以能夠戰勝項羽，就是因為他身為那個年代新勢力的領袖，特別重視團隊的作用，善於團結各路英才，發揮團隊的

力量，從而達到一己之力所不能達到的人才群聚效應，這才是根本。

從漢武帝開始，由於實行「罷黜百家，獨尊儒術」的國策，社會逐漸趨向於「中庸主義」的軌道。「中庸主義」的精髓，其實就是團隊合作精神。漢武帝時代，國家結束了以前的天下割據、列強混戰的局面，而走向大一統。雖然還存在匈奴單于等少數民族的一些侵擾，但整體而言已經不是社會的主要矛盾了。在這樣的時代背景下，「儒術」受到「獨尊」，「中庸主義」成為主流，階級制度與嚴格執法得到強調，團隊合作精神獲得重視。為此，漢文帝才對李廣嘆息：「真可惜呀！你生不逢時！如果是在高帝（劉邦）那個時候，博取萬戶侯易如反掌！」

團隊合作包括許多含義。它既是一個分工、合作、團結、配合的概念，也是一個領導、服務、組織、指揮的概念。特別是身為團隊領導者，他需要從事大量的工作來實現團隊的目標，整合各式各樣的行為來促進團隊的績效，比如正確理解和掌握團隊目標，使團隊結構化，爭取團隊工作所需的資源，清除團隊工作的障礙，指導並幫助團隊成員完成各自的任務，強化他們各自對團隊的貢獻，以團隊作為一個整體來開展工作，更合理地配置並利用共同資源以實現團隊的目標。隨著社會的發展與結構化程度的提升，團隊合作的意義和作用無疑是越來越重要了。

放眼當今社會，不管是在企業或者是在學術研究機構，都講究團隊合作精神。各行各業的人才成長階梯上，不乏勇敢攀登者，最後登頂的也寥寥無幾。因此，我們每一個人在職業生涯發展的道路上，想順利走向職業鼎盛期、功成名就，必須避免「李廣」的悲劇。

有人說，我不靠別人，只想憑藉自己的努力去實現成功，這叫做獨立，叫做有志氣。只透過自己的單打獨鬥就想成功？我們可以說你很有勇氣，但這個話後面要加一個括號，括號裡面有一句注解，那就是：你還很

傻很天真，說這話至少也顯示你缺乏生活的歷練，未經世事的考驗。與那些整日怨天尤人，就指望著依靠別人的人相比，你趨向了另一個極端。對於「獨立」二字，你的理解太過片面。

有一本書裡講過這樣的例子：A 和 B 在畢業之後都以優秀人才身分受學校邀請留校任職，B 大學四年以來一直學習成績優異，幾乎每年都拿第一名獎學金，這樣的人才學校當然求之不得。而 A 雖然學習成績中等，但其學習期間一直擔任學校的學生會會長，在人事管理能力等方面令許多學校教師都由衷佩服。

在留校以後，B 依然努力鑽研議題，他希望能夠早日在自己喜歡的研究議題上鑽研出令人矚目的成果，而 A 則在學術機構從事他喜愛的人事相關工作。在 B 看來，A 白白浪費了自己的專業所學，整日做一些雞毛蒜皮的瑣事。他還總是嘲笑 A 沒有真才實學，全憑導師和學校幫忙才能和自己一樣留校任職。A 對 B 的嘲笑總是一笑置之，有時還真誠地向 B 請教問題表達謝意。

B 的研究議題小有成就，導師表示願意幫他向學校申請成立一個議題研究小組，請學校其他專業的人一起幫忙攻克相關內容。但 B 卻直言說自己不需要別人的幫助，認為自己一個人能完成。這些話一下子得罪了所有同行，就連導師心裡也不舒服。最後，B 的課題沒有研究成功。當他再想找人幫忙時，大家竟然都拿出一大堆理由拒絕了他。

A 替 B 在導師和其他人面前進行解釋，說他本來個性如此，實際上是個好人只是不善於表達。而在最近學校舉辦的一次校慶活動中，A 又透過自己的一個遠房親戚為學校申請合併其他院校做出了巨大貢獻。

在實際生活或事業發展道路中，你能完全地脫離於人際關係而存在嗎？當然不能，你生存於各式各樣的人際關係當中，而且這些人際關係

又必然會對你當前的事業及未來的道路產生或大或小的作用。那麼，人際關係是你成功的助力還是阻力？你是受益於人際關係，還是受害於人際關係？你當然希望擁有良好的人際關係，因為你深知「好風憑藉力，送我上青雲」的道理，而且在看多了單槍匹馬地在社會上拚殺，最終卻不斷碰釘子的實例，你也終於明白，獨立並不等於孤立，單打獨鬥永遠實現不了成功。

幫助他人就是成就自己

「你把最好的給予別人，就會從別人那裡獲得最好的。你幫助的人越多，你得到的也越多。你越吝嗇，就越一無所有。」現實就是這樣，只有那些樂於幫助他人的人才會獲得別人的尊重。

相信你聽過這個小男孩的故事，他出於一時的氣憤對母親喊：他很憎恨！然後，也許是害怕懲罰，他跑出家裡，對著山谷喊道：「我恨你！我恨你！」接著山谷傳來回音：「我恨你！我恨你！」小孩很害怕，跑回家裡對母親說，山谷裡有個卑鄙的小孩子說他恨他。母親把他帶回山邊，並要他喊：「我愛你，我愛你。」小孩照母親說的做了，而這次他卻發現，有一個很好的小孩在山谷裡說：「我愛你，我愛你。」

生命就像是一種回聲，你送出什麼它就回報什麼，你播種什麼就收穫什麼，你給予什麼就得到什麼。只要你付出了，就會有收穫。當我們幫助他人的時候，我們付出的是自己對別人的生命的愛，就彷彿給別人的生命之樹捧一掬清泉。愛的感情是不竭的泉源，我們付出得越多，內心就越充盈，幸福感就越強。所以，助人不僅是付出，也是收穫。

在我們的生活中，我們不可避免地要面臨各式各樣的問題。在這個時候，我們應該怎麼做？每個人都要想想。如果我們遇上麻煩，其他人會幫

我們嗎？如果其他人遇上麻煩，我們會對他伸出援助之手嗎？

這裡有一個故事對我們極富啟發意義：曾經，一個商人有兩頭家禽：一匹馬和一頭驢。一天，商人買了許多商品，並把這些商品放在馬和驢的背上。馬和驢把商品運回家。幾分鐘後，馬對驢打招呼：「哈，朋友。」「做什麼？」「我運得太多了。我受不了了。你能幫我一下嗎？」驢立刻回道：「不，不，不。對不起。我負擔過重，我無論如何也幫不了你。」最後，馬死於過度勞累。商人只好把馬身上的商品放在驢背上。

多麼愚蠢的一頭驢啊！如果牠幫了馬，就不必運這麼多商品。你可以猜想到最後的結局：是的，驢也由於過渡勞累而死！

由此可見，對別人友好就是對你自己友好。幫助別人就是幫助你自己。正如一句老話所說：贈人玫瑰，手留餘香！因為人不可能獨立在世界上生存！

人與人之間這樣，企業的發展也是一樣。今天不管你是誰，不管你從事什麼行業，什麼企業，你都一定要記住幫助他人成長，你才能成長；幫助他人賺錢，你才能賺錢。如果你滿腦袋只想著自己賺錢，從來不想著如何幫助客戶賺錢，那麼沒有客戶願意與你合作。合作的前提永遠是共贏。企業只有讓贏的人越多，你自己賺錢的機會才能更多，賺錢也更多。

因此，優秀的企業家絕不是想著如何打敗別人，如何讓自己贏錢，他們滿腦子是想著如何幫助別人賺錢。只有別人賺了錢，他才願意持續與你合作，你才能持續賺錢。老闆幫助經理成長，經理幫助員工成長，員工幫助客戶成長。只有客戶成長了，企業才能發展。

如果一家企業老闆，只想著糊弄別人。把他人的錢放進自己的口袋，而不顧他人死活，那麼你跟搶錢、騙錢有什麼區別呢？要知道，金錢一定是價值的交換，別人之所以給你錢，那麼是因為你給他人提供了有價值的

產品和服務。如果你沒有提供超價值的產品和服務，那麼即使你今天賺了錢，明天也會賠進去。因為你賺了一些你不該賺的錢。所以真正成功的人永遠會記住：賺錢是幫助他人解決問題，幫助客戶提供服務。

只要是人都需要他人的服務，同時服務他人。當然，誰的服務好，誰的服務品質高，誰就會得到高價值的回報。很多企業之所以做不好，做不大，那是因為他們過多地強調自我，而忽視了客戶。他們不是想著如何幫助客戶賺錢，幫助客戶成長，幫助客戶解決問題。而只是想著賺客戶的錢，客戶肯定不高興，客戶也就會時時想著幫你。

特別是在今天這個服務時代，客戶不在乎你做了多少事，而在乎你幫助了他解決了多少煩惱。他沒有工作，你能幫助他就業嗎？他沒有對象，你能幫助他介紹嗎？他沒有錢，你能幫助他賺錢嗎？他沒有能力，你能幫助他成長嗎？只要你能做得到，我相信就有人為你付錢。可惜，我們生活中有太多的人不負責，拿了人家的錢，不幫助人家做事。最後，雖然賺了點小錢，但是壞了一生的名譽。

有的人之所以不能成功，那是因為他不願意服務他人，卻總希望享受他人的服務。人人都想成功，那時真的，人人都願意服務他人是不可能的。企業是靠價值而生存，客戶是為價值而買單。企業賺不賺錢，關鍵在於你為客戶提供了什麼樣的服務。如果你不能為客戶提供有價值的產品和服務，那麼你就被社會淘汰。只有企業幫助客戶成長，自己才能發展。

這是一個團隊合作的時代，這是一個共贏的時代，這是一個服務的時代，如果誰忽視了團隊合作，忽視了共贏，忽視了服務，那麼誰就最先淘汰出局，企業或個人都是如此。你不願意付出，有人願意；你不願意服務，有人願意；你不願意分享，有人願意。當他們做到了，而你沒有做到，對不起，你已經被淘汰了。

敞開胸懷去容納每一個人

　　曾經讀過一篇名為〈憶錢塘江潮〉的文章，透過寫錢塘江的洶湧澎湃、凶猛強大，寫出了大海的博大胸懷。是啊！當我們面對大海的時候，一切煩惱都被它衝擊得無影無蹤。再聯想到人生，胸懷是人生的志向和抱負，是個人的品味和修養，是對待世界萬物氣量和風度的定位。在人的一生中要豁達大度、胸懷若谷、積極進取、志在超越。一個人「有多大的胸懷，就能成就多大的事業」，胸懷這個廣闊得可以如大海，細小得可以如針鼻的事物，對於成功，發揮了舉足輕重的作用。做人的關鍵在於胸懷。

　　人的胸懷並不是一朝一夕就可以塑造出來的，除了有意培養和訓練之外，最重要的是擁有一顆真誠的心。在我們的平常生活裡，我們每個人都扮演著多個不同的角色，在每個角色圈裡都需要我們用心去相處，去呵護每個角色圈的氛圍，然而人與人之間或多或少的都會存在差異，我們用什麼去維護每個和諧的角色圈呢？是「胸懷」。人生短短幾十年，換個角度仔細想想，沒有什麼事情是不能包容的，那麼我們何不敞開胸懷去面對一切，容納每一個人，從而享受快樂的人生呢？

　　很多時候，對待別人，我們的眼睛像野貓；對待自己，我們的眼光像鼴鼠。我們原諒自己的一切，對別人卻毫不寬恕。看自己是一種眼光，對別人則是另一種。創造萬物的主宰給我們每個人都創造了兩個口袋的褡褳，人們總是把自己的錯誤放在後面的口袋裡，而前面的那個口袋是留給別人的。這就是為什麼許多人總感到世態炎涼的原因。

　　然而人人都渴望獲得愛、感受美好，那麼為什麼不先對別人付出寬容和善良呢？寬以待人，你同樣會得到別人的寬容。要想團隊合作，首先要懂得容納別人。

　　這是一個從越戰歸來的士兵的故事。他從舊金山打電話給他的父母，

告訴他們：「爸媽，我回來了，但我想帶一位朋友一起回家。」

「當然好啊！」他們回答，「我們會很高興見到他的。」

不過，兒子繼續說：「可是有件事我必須事先告訴你們，他在越戰中受了重傷，少了一隻手臂和一條腿，他現在走投無路，我想帶他回來和我們一起生活。」

「兒子，我很遺憾，不過或許我們可以幫他找個安身之處。」父親又接著說，「兒子，像他這樣的殘障人士會為我們的生活帶來很大的負擔。我建議你先回家，然後忘了他，他會自己找到出路的。」

兒子掛上了電話，他的父母再也沒有他的消息。幾天後，這對父母接到了舊金山警局的電話，告訴他們，兒子已經墜樓身亡了。警方認定這只是單純的自殺案件。於是他們傷心欲絕地飛往舊金山，並在警方帶領下找到停屍間辨認兒子的遺體。那的確是他們的兒子，讓他們驚訝的是，兒子只有一條手臂一條腿。

在生命的過程中，我們會遭遇各式各樣的人和事。對待他人，尤其是當其處於困境或陷入挫折時，我們要對他們保持一顆寬容的心，因為，或許有一天正是我們的親人或我們自己正在經歷這經歷了的一切，正在急切地尋找別人的包容，寬待別人就是善待自己。

如果說這面這個故事多少還帶有一點傳奇色彩的話，那麼下面這個故事就是發生在我們的身邊的很平常的事：

有一次，哈維夫人邀請了幾個重要的朋友吃午飯，並邀請林克負責宴會事宜。林克是紐約最好的宴會經辦人，以前曾經協助哈維夫人舉辦過多次成功的宴會，深得哈維夫人的信任。

但是，這次林克讓哈維夫人很失望，午宴很失敗，宴會毫無秩序，菜做得非常糟糕，每次上菜都是最後才端給主客。宴會上看不見林克的身

影，他只派了一個助理來，安排的侍者完全沒有頂級服務的概念。哈維夫人對此很生氣，決定等見到林克時，好好教訓他。

但是，哈維夫人轉念一想，對林克大發一陣脾氣，除了使他尷尬、不高興並產生不願意合作的情緒外，沒有任何好處，這次的事件已經無法補救了，何必再為以後的合作增添障礙呢？所以，當她再次見到林克時，哈維夫人和顏悅色地說：「林克，我只想告訴你，上次的宴會你若是能在場，對我會有多麼重要！當然，那天的菜不是你做的，也不是你上的，雖然你是紐約最好的宴會經辦師，但那天的局面是你也無法控制的。」

「是的，夫人，那天的事情我確實很抱歉，您能這樣理解，我真的感到很高興。」

「林克，下週我還要舉辦一個晚會，我仍然非常需要你的幫助，你認為我們是不是應該再合作一次呢？」

「謝謝夫人，我也非常期待能和您再次合作，我想上次的情況不會再發生了。」林克微笑著說。

在下週的宴會開始之前，林克和哈維夫人一起規劃菜單，並親自在現場服務，服務完美無缺。宴會結束後，客人和哈維夫人說道：「我從未見過如此周到完美的宴會服務，您對宴會經辦人施了什麼魔法嗎？」

哈維夫人笑了：「我的魔法就是友善和寬容。」

當別人犯了一個錯誤時，如果你對他橫加指責，面臨的情況往往是他為自己的錯誤找上百個看似合理的藉口，你傷了他的自尊，他一定不願意再和你合作，而友善和寬容卻能夠使他以後將你的事情更加認真地對待。寬容是做人的美德，它可以融化人們心中的冰雪，可以化解仇人之間的怨恨。懂得寬容的人，可以得到別人的尊重與愛戴，不肯寬容別人，求全責備往往導致自己陷入困境。

善於與他人和諧相處

有一則寓言，諷刺了那些與他人、團隊格格不入的人，他們口口聲聲埋怨別人，責怪別人，其實問題恰恰來自於他自己：

一隻鴿子老是不斷地搬家。牠覺得，每次新窩住了沒多久，就有一種濃烈的怪味，讓牠喘不過氣，不得已只好一直搬家。牠覺得很困擾，就把煩惱跟一隻經驗豐富的老鴿子訴苦。

老鴿子說：「你搬了這麼多次家根本沒有用啊！因為那種讓你困擾的怪味並不是從窩裡面發出來的，而是你自己身上的味道啊！」

有些人會不斷埋怨別人的過錯，指責別人的缺點，他們覺得周圍的環境和人處處跟自己作對；或者是認為自己「曲高和寡」，一般人無法理解自己豐富而深刻的思想。實際上，他們沒有意識到真正的問題不是來自於周圍，而是來自於他們自己。

像這樣的人，必須試著認清自己，試著認真而深刻地反省自己。而一個團隊也沒必要為了失掉這樣一隻「鴿子」而遺憾。

有人脈專家研究說：你無法藉著糾正世界上的每一個人來獲得寧靜，同樣地，就算將世界所有的石頭和荊棘除去，仍然無法開關出坦途大道。在不平坦的道路上，若想要走得舒服，我們就該穿上鞋子。既然我們無法將世界上所有的障礙物除去，我們就應該保持心靈的平靜。若某人犯錯，你會有許多方法去糾正他，但在公共場合中對他批判、責罵和大聲叫喊卻無濟於事，你的行為只會使他更堅持己見。所以，請以友善的態度指正他的錯誤。他會因此樂意接受你的勸告，在未來，他會感謝你的指導和好心。

與別人和諧相處，會使這個世界很好地接納你，使你在這個世界裡生活得自在和快樂。一個人在和諧的環境裡行走，就像在順風順水的江中行

船，要到達你想去的碼頭還不容易嗎？

　　要怎樣才能與他人和諧相處呢？有人總結出 10 條原則，告訴我們怎麼做：

- **說話和氣**：在情緒穩定的正常情況下，只要你在說話前稍加注意，就能做到說話和氣。要使自己說出的話產生感召力，達到融洽關係、平和相處的目的，很大程度上取決於你的修養。談話品質的優劣又與說話的聲調、語氣有很大的關係。同樣的一句話，用不同的語調說出來，效果就大不一樣。

- **面帶微笑**：笑是每個人不花任何代價隨時都可以顯現出來的。微笑是詳和的花絮，友善的信號，也是一種寶貴的精神財富。在彼此相交中，能夠給人一個溫馨、善意的微笑，可以優化交往品質，給你帶來意想不到的快樂。

- **以誠相待**：以誠相待可以成為友誼的紐帶和橋樑。俗話說：「誠實無欺，做人根基。」離開了真誠，則無所謂友誼可言。一個真誠的心聲，往往能喚起一大群真誠人的共鳴。以誠相待成為現代人處事交往的重要原則，只有說真話，辦實事，才能優化你的人格形象。

- **主動熱情**：主動熱情是澆灌友誼之花的甘露，是融洽關係的先行官。在社交中，冷漠、敷衍、搪塞的態度，只能讓人反感，加大心理距離。只有主動熱情先施於人，友誼的甘露才會滋潤人們的心田，結出豐碩的友誼之果。

- **學人之長**：學人之長是衡量一個人教養、涵養、修養的一把尺子。專挑別人的缺點，不容人的人，自己身上的缺點比誰都多，他也不會被別人所寬容；善於發現和學習他人之長的人，他身上的長處也最多，他會成為一個真正擁有無形精神財富的人。因此，在與人相處中，多

想想別人的長處、優點，既能優化自己的心理素養，又能與人和睦相處。

◆ **不嘲笑人**：人各有所長，也各有所短。在與人相處中，切記不能隨意拿別人的短處或缺陷開心，嘲笑別人。一個不尊重他人、隨意傷害他人人格的人，實質上是對自己的極大不尊，是對自己人格的毀滅。即使別人由於自己的過失處在窘境之中，也要給人面子，讓他下臺階，主動幫助他緩解尷尬的局面。

◆ **為人著想**：社會心理學的研究結果證明：一個人要想得到別人的信賴，一種有效的方式是著眼於對方的利益。如果我們在與他人相處中，善於為他人著想，善於關心他人的利益，就會贏得人心。

◆ **有求必應**：「人字結構是互相支撐」、「世界很小，是個家庭」等都是耐人尋味的哲理名言。現代社會的每個人都是社會系統有效動作的一個小齒輪，互相之間都有所求和被人求。只有相互依賴、相互協助、相互負責任，才會使事業獲得成功。有求必應是當代社會的一種時尚。

◆ **一視同仁**：在現實生活中，常常有些人見到比自己強的人就巴結，見到比自己弱的人就欺凌，這種奴性意識，令人生厭。與人相處，無論地位高低、窮富，都應一視同仁，平等相待，這是一個人成就大事、受人擁戴的顯著特徵，也是心理健康的具體表現。

◆ **自知之明**：俗話說：「知人者智，知己者明。」要準確地評價自己，就非有自知之明不可。人是一個能自我認識和自我意識的實體。在與人相處中，力求比較正確地認識自己和對待自己，還是能做得到的。千萬不要炫耀自己，即使受到別人讚揚時，也要冷靜對待，不能得意忘形，只有如此，才能真正贏得人們的敬佩與好感。

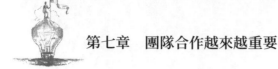

強強聯手互利共贏

強強聯手，合作共贏，寓意攜手並進，共同發展，同創輝煌。組成社會的各個細胞，無論企業還是個人，都需要尋求夥伴以實現穩步、健康發展。從長遠發展的觀點看，沒有合作，就不可能獲得成功，激烈的市場競爭更加呼喚合作共贏。

自古有言：「遠親不如近鄰」、「重金買屋，芳鄰難得」，鄰里之間融洽相處的重要性可見一斑。與鄰為伍，與鄰同樂，與鄰合作，與鄰共贏。

一個人沒有團隊精神將難成大事；一個企業如果沒有團隊精神將成為一盤散沙；一個民族如果沒有團隊精神也將難以強大。

當今是一個知識經濟的時代，也越來越要求團隊合作能力。講求創新的社會氛圍，絕不是出幾個傑出科學家，而在於有一種創新的氛圍，鼓勵人人創新。一個人發揮創意，從事發明、創造並不難，難的是建立一個創新型的團隊。愛迪生一生做了 1,000 多項發明，現在隨著人的知識更新速度的加快，一項創新，一項成果，很多時候已經不是一個人的力量可以完成的了，而是一個團隊做出來的。在專業分工越來越細、市場競爭越來越激烈的前提下，單打獨鬥的時代已經過去，合作變得越來越重要。例如，在諾貝爾獲獎項目中，因合作獲獎的占三分之二以上。在諾貝爾獎設立的前 25 年，合作獎占 41%，而現在則躍居 80%。

《水滸傳》裡的宋江，其貌不揚、生得黝黑，文不能吟詩作賦，武不能力當千軍，卻令水泊梁山的一千驕兵勇將以及「智多星」吳用唯其馬首是瞻，並且把梁山集團的業務做得有聲有色。這究竟是何緣故呢？其道理說白了，就在於宋江能夠與眾兄弟大碗喝酒、大口吃肉、大秤分金，日子才能過得很和諧。懂得與人合作的宋江，每當山寨做成一票大買賣，總是

論功行賞、記錄在冊，按照每個人的實際貢獻，將利潤平攤到底，並且從沒有瞞著眾人多吃多占、中飽私囊的事情發生。這樣就算是有人不服他，出於個人利益的考慮，也會讓宋江繼續坐著頭把交椅。

從中我們不難得出一個結論，當你的個人能力並不強大的時候，想要獲得更大的利益，就一定要懂得聯合眾人的力量進行合作、共享利益果實。一個不懂得與人合作的創業者，無法迎來事業的巔峰。團隊聯手、公平合作是一種高端方式，處理好了大家共同獲益，處理不好大家會反目成仇。想要愉快地合夥、順利地賺錢，就要找適合自己的合作夥伴。

原則上，你和你的合作夥伴，都應該具有良好的道德素養、商業素養和個人修養。比如在利益上，你們彼此都有意建立長遠的合作關係；大家不會為一點小利而斤斤計較，彼此都想自己吃點小虧讓合作者多占點便宜；只要不是重大的原則問題，都能夠做到互相遷就；在心理上，你和你的合夥人都有良好的心理承受力、抗壓能力和面對困境的頑強意志；在日常交往中，你們會經常想到對方，了解對方的愛好，記住對方的生日，一方有困難時另一方能夠及時幫助，而只有建立深厚的友情，你們的合作才能愉快並且長久。找到一個恰當的合作夥伴，與合作夥伴建立良好的關係，會為你創造更大的成功。

當然，再好的合作也會出現波折和坎坷，因此每個人都要做好足夠的心理準備。很多創業者在初期，都難免經歷曲折、遭遇失敗，這一方面是因為對市場不了解、資金缺乏，另一方面是不懂得與人合作，導致無法有效地掌控局面。儘管你的創業計畫也許很周密、願望很美好，但是面對意想不到的變化，總是會讓人措手不及。

合作就是充分運用彼此的優勢，有效地規避各自的缺點和投資風險，獲得在市場中生存與發展。對於創業者來說，策略、財務、管理，技術、

市場規畫等都是一個巨大的難題，因為他們既缺乏經驗，也沒有品牌。而對於一個成熟的經營者來說，資本迅速擴張的同時，必然也會面臨資金與人力資源的缺乏，因為這兩者總是屬於稀缺資源。合作剛好滿足了這種需求，又解決了彼此的發展難題。

當然，一個良好的團隊需要有突破困難的能力。能勇於面對困難的員工給整個團隊增加了戰鬥力。

有一位業務員，在為公司推銷日常用品。有一天，他走進一家小商店裡，看到店長正忙著掃地，他便熱情地伸出手，向店長介紹和展示公司的產品，然而對方卻毫無反應，默然地望著他。業務員一點也不氣餒，他又主動打開所有的樣品向店長推銷，他認為，憑自己的努力和推銷技巧一定會說服店長購買他的產品。但是，出乎意料的是，那店長卻暴跳如雷，用掃帚把他趕出店門。

業務員卻沒有憤怒和放棄，他決心要查出這個人如此恨他的原因。於是，他就去詢問其他業務員，調查那個店的情況，終於他了解店長對他不滿的理由了。原來，是他的前一任業務員推銷不當遺留下來的問題，由於前任業務員的失誤，使得那個店長存貨過多，積壓了大批資金。這個業務員透過各種管道，重新做了安排，請求一位較大的客戶以成本價格買下店長的存貨。不用說，他受到店長的熱烈歡迎。這個業務員運用自己堅忍不拔的精神，在堅持中不斷地尋找到突破逆境的途徑。

只有懂得與人合作，分配好利益，才能讓自己的買賣始終處於領先，並且使集團合作的優勢不會土崩瓦解。或許，這就是強強合作的本質所在。

怎樣與合夥人和睦相處

　　創業之路充滿了艱難險阻，如果有人能夠與你同風雨共患難，你的心裡一定會踏實許多。事實證明，由於資源豐富，思考全面，合夥創業能夠有效降低創業風險。但是風險往往來源於另一個方面，那就是能否與合夥人和平共處。

　　很多時候，在創業初期大家尚且能夠同舟共濟，但是當事業發展到一定階段，分歧就會逐漸產生，如果不能有效解決，這些分歧就是導致未來失敗的罪魁禍首。所以，要想合夥創業，就一定要掌握與合夥人的相處之道。

　　首先，選擇創業合夥人要遵循志同道合的原則。有共同的目標，大家才會走到一起，才能齊心協力，事業的發展速度也將獲得更大的加乘。

　　其次，合夥人最好各有所長。一個人的能力想要全面是不容易的，而創業又需要豐富的資源，所以最好的創業合夥關係就是大家各有專長，取長補短，才能共同進步。

　　同時，合夥創業必須端正心態。一份事業只能有一個先鋒，就像一支軍隊只能有一名將軍，剩下的人都要聽從他的調遣。這就要求創業者能夠以正確的心態來看待自己所處的地位。合夥創業是一個合作的過程，身為領導者的一方切忌獨斷專行，要時刻自省，聽取同伴正確的意見，而擔任副職，你必須發揮良好的輔助作用，不能因為自己的身分較低而產生牴觸情緒，為了共同的理想，付出這些都是值得的。

　　合夥創業還有一個關鍵點就是建立退出機制。在創業的過程中，總有一些令我們意想不到的情況會發生，合作夥伴中途退出也是時有發生的。所以我們一定要事先達成協議，在一方要退出的時候，要承擔怎樣的責

任，做出多少補償，以及投入與退出的比例等等。這樣大家才能夠心平氣和的解決問題，而且也不至於對事業造成過大的影響。

有些人喜歡將自己的親朋好友當作商業上的合作夥伴，很多時候問題也是這樣產生的。出於感情和信任，大家在合作之前將很多細節模糊化，在出現問題的時候，根本找不到解決的依據，這樣不僅會導致親朋反目，還會令事業陷入危機。有句古話說得好：親兄弟明算帳，所以就算合夥人是自己的至親，也要在創業初期訂立君子協議，以備更好的解決矛盾衝突。

人和人的想法不可能總是如出一轍，所以合夥創業最重要的就是學會溝通和包容，要本著求同存異的精神來做事業。在出現原則性問題的時候，一定要拿出來講，擺在臺面上解決，而一些無關事業發展的小問題往往也沒有對錯之分，只是由於看問題角度不同而有所差異，所以只要相互理解，彼此尊重，合夥創業就一定能夠走得更遠，飛得更高。

怎樣才能與合夥人相處和睦，我認為至少要做到以下幾條：

◆ **相互信賴是基礎**：這是合作創業的基礎條件。合夥人的經營理念不盡相同，個人的意見也可能不被其他合夥人採納，但是如果大家互相信賴與諒解，相信彼此都是為了企業的發展，也就不容易產生不良現象。沒有相互信賴，合夥人的主觀能動性和創造性不可能充分發揮；而失去信賴的企業，也不可能長期生存。

◆ **坦誠相待是潤滑劑**：一個合夥企業集多人的優勢於一體，同時也把各自的利益交織在一起，這樣，合夥人之間難免會發生某些摩擦。要克服這一局限，就必須利用坦誠相待這個潤滑劑。對合夥人要進行感情投資，使大家在和諧、團結的氣氛中共事，形成榮辱與共、休戚相關的團隊精神，並多真心誠意地交流溝通。

◆ **取長補短是動力**：合夥人都有自己的優勢，也有自己的不足之處，所以彼此應該相互尊重、取長補短、優勢互補，以發揮個人與團隊優勢，在競爭中獲勝。即便我們創業帶隊人的工作能力很強，思考能力比他人深遠得多，也不能恃才傲物、獨斷專行。應該從維護合夥人的自尊心出發，要謙虛謹慎，認真向對方學習，尋求幫助，徵求意見。這樣一來，既贏得了友情，又增強了合夥企業的凝聚力。

◆ **利義並重是關鍵**：人與我、利與義是合夥人相處時接觸最多也最難處理的關係。要解決好個體與整體、全局與局部、人與我、義與利這些關係，就要在人與我、利與義之間掌握適度的平衡，人我兩利、利義並重。此時，合夥人既不會放棄個人的利益，也不會損害其他人的利益，在個體與整體之間取得最佳平衡點。

據筆者了解，有不少合夥人關係緊張、缺乏溝通，有的甚至從未在一起開過會。如果合夥人不加強相互溝通，沒有處理合夥人之間矛盾的一套成熟經驗，合夥創業最終將陷入泥潭而不能自撥，難以適應時代進步的要求。

所謂溝通，就是指合夥人能夠面對面地坐下來，投入足夠的時間，真誠交換意見，積極致力於解決相互間存在的問題，這是改善合夥人關係的第一步、也是最重要的一步。「城門失火，殃及池魚」，如果溝通沒做好；不僅導致合夥人關係出現破裂，也會波及公司、員工和客戶。溝通中出現的主要缺陷是：

◆ **例1**：合夥人不願在溝通上投入時間和精力。沒有付出，就不會有回報，如果大家不能夠經常在一起坦誠交換意見、解決問題，合夥人關係的改善只能停留在紙面上。

◆ **例2**：迴避衝突。為了避免「跳槽」現象發生，主管合夥人常常採取消極的辦法，避免介入其他合夥人間的衝突。儘管大家都能感覺到衝突所帶來的不快氣氛，但還是想把問題藏在冰面下。

◆ **例3**：缺乏責任感。所有的合夥人都應該勇於對他們的言行負責。如果你不敢對目標的後果承擔責任，那你實現目標的可能性往往微乎其微。

◆ **例4**：合夥人不知道他們的同事期望什麼。合夥人了解每個人在事務所扮演的角色嗎？大家都在想什麼？有人提醒合夥人該如何改進工作嗎？這些看似簡單的問題往往找不到答案。

◆ **例5**：不受歡迎的分配制度。如果大多數合夥人都對他們的薪水待遇表示不滿時，特別是當那些業績顯著的合夥人得到的收人不相符，而一些「遊手好閒」者卻待遇不菲時，合夥人的關係將會加速惡化。

◆ **例6**：不受歡迎的退休制度。大多數事務所都認為退休的合夥人應該得到的一定退休金補償，因為無論是事務所的資本還是商譽，其中不乏他們的貢獻。但退休金多少為合理？老合夥人能和年輕的合夥人達到一致嗎？退休金畢竟是事務所一筆不小的負債，必須在這一事項取得共識，否則就像我們在現實上看到的一樣：高級合夥人臨近退休之時，往往就是事務所解體（被別人吞併）之日。

所以，加強溝通、處理好合夥人之間的關係，應是合夥創業中一項經常性的基礎工作，且宜早不宜遲。雖然這有可能導致一些尷尬的場面發生，但畢竟利大於弊，它不僅有利於強化公司的生存能力，更有利於企業在當今變革時代的興旺發達。

克服團隊合作的障礙

團隊精神是一種氛圍，一種精神面貌，是一種看得見、感知得到的精神氣息。單個的人是軟弱無力的，就像漂流的魯賓遜一樣，只有與別人在一起，他才能完成許多的事；一滴水只有放進大海才永遠不會乾涸，一個人只有把自己和團隊融合在一起時才最有力量。

最近讀了某本書，是關於團隊合作的經典管理寓言。它並不像一般的理論說教的書看起來那樣「枯燥乏味」。故事講述了 57 歲的凱薩琳，一個已過創造性最強年齡階段，沒有任何優越教育背景，對要接手的企業沒有任何了解的凱薩琳，接替了年輕的創業者杰夫，擔任該公司的執行長。她透過與職員溝通了解，分析問題，最終運用巧妙有效的辦法使該企業擺脫了一個老企業所存在問題，最終使企業扭轉局勢，成為真正強大的企業。

由此看來，你必須懂得協調作戰，帶動、融入一個優秀的團隊，而不是一味追求個人成就。

我曾有一位同學，在某企業內刊相關部門，把一份名不見經傳的內刊做得頗有底蘊，十足彰顯出企業的風采，老闆非常賞識。他從此變得相當自負，縱然其他編輯對他的「風光」顯得非常不平，甚至嫉妒，他也不加以理會。有一次，該企業決定派他到外地培訓兩週，當他回來時，卻遭到當頭棒喝 —— 當期刊物被做得一塌糊塗！

那天，他愧疚地走進總經理的辦公室。總經理問他是什麼原因，他非常委屈，差點掉眼淚，剛想申訴同事眼紅、氣度狹小時，卻聽到總經理說：「你看過金庸的《倚天屠龍記》嗎？」他詫異地點了點頭。

總經理意味深長地說：「《倚天屠龍記》裡有一把屠龍刀，通體取材於深海寒鐵，是一把笨重的大砍刀。」接著話鋒一轉：「但它又確實是一

把天下無敵的寶刀。雖然笨重，可是依然所向披靡。」

他從此明白了重劍無鋒的意思。

全球最具國際化經驗的培訓大師、國際企管顧問，曾在培訓授課中對團隊合作的 5 大障礙作了深入的解析，摘要如下供我們一起學習：

▎缺乏信任

第一重障礙是團隊成員間的缺乏信任。這實質上源於他們不願在團體中輕易受到攻擊的心態。團隊成員如果不對其失誤和弱點真正地開誠布公，就不可能打下信任的基礎。一個團隊不過是一群烏合之眾，不管其中的個體如何優秀。每個團隊成員擺上臺面的，都是獨特且互補的技能，而這些技能的結合，幫助團隊達成其目標。在一個由各種「合作分工」方式創立的傳統團隊中，其成員間存在強大的比較壓力，沒有機會發展「基於弱點的信任」。但是，在現代行業中，不可能假設或期望任何人具備所有所需技能，在任何狀況下都能成功。

▎懼怕衝突

無法建立信任是有破壞性的，因為第二重障礙 —— 懼怕衝突 —— 就是由此而定調。缺乏信任的團隊無法進行開誠布公的溝通互動，他們退而求諸雲遮霧罩的探討和小心謹慎的說辭。進行富有成效的衝突，這是一種能力，而該能力會因缺乏互信而受損。大家唯恐提出不同意見被視為反團隊行為。這最終變成了一個自我挫敗的問題，因為對衝突的懼怕不僅損害了團隊的決策力和進展，也加深了業已存在的信任缺失。團隊需要進行富有成效的衝突。進行有效衝突的團隊，能夠開展生動有趣的會議，提煉和開發全員的想法，迅速解決實際問題，盡量減少勾心鬥角，挑明關鍵主題進行討論。

▌承諾不足

第三重障礙是承諾不足。如果團隊成員沒有在熱烈而開放的辯論過程中廣而告之他們的觀點，就算他們在會議中掩飾爭拗，也罕能接受最後決策並全心投入。不難想像，互不信任的團隊成員是不願共同工作或分擔同一承諾的。能做出承諾的團隊，能夠確認方向和先後順序，根據共同目標進行團隊分工，發展從失誤中學習的能力，搶在競爭者前利用機會，毫不猶豫地前進，也對改變方向毫無躊躇或負罪感。

▌逃避擔責

由於缺乏真正的承諾和認同，團隊成員發展出了第四重障礙：逃避擔責。沒有對於了解行動計畫的承諾，即便是最專注和最有驅動力者，也經常在同伴的行為與團隊效益背道而馳之時，躊躇於是否出言提醒。缺乏承諾的團隊可能在責任擔當上表現欠佳。信任缺失時，團隊成員經常向個人目標努力，而與團隊目標南轅北轍。他們經常傾向只對自己那部分工作承擔責任。可以預料，會有很多相互指責，或是將錯誤歸咎於外因的情形。但是，責任和擔責相伴相生，我們要求團隊自我指導和對其賦權的同時，也同樣程度地要求他們擔起應有的責任。

▌漠視結果

無法互相問責給第五重障礙創造了生長條件。在團隊成員將其個人需求（如自負心理，職業發展，或者表彰獎賞）甚至於其小團體的需求置於團隊整體目標之上時，漠視結果就產生了。團隊中沒有互信，或者大家只顧慮自己的進展，團隊就經常會在兌現承諾時出問題。

第七章　團隊合作越來越重要

第八章
能力有限時怎麼辦

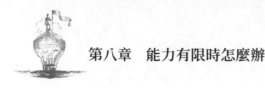

許多人面對紛繁而龐雜的社會，常常感到迷惑和不安，有人可能覺得自己的地位實在渺小，有人可能覺得自己的能力實在有限……確實，現代社會科技的發展進步日新月異，競爭日益激烈，在這樣的一個大舞臺上，為了維持個人生存，追求個人的發展和成功，個人的自身能力顯得尤為重要。但一個人能力再強，總有不如人的地方，即使能變，也不必指望有脫胎換骨的改變。

為人生列一份「清單」

有些人，似乎什麼都不缺，唯獨缺少一份相對穩定的「生命清單」。隨意生活，隨波逐流，搖擺不定，做最「吃香」的工作，鑽最「熱門」的行業。在他們看來，人生就是一頓速食，就是簡單地臨時調劑和搭配。然而，此種人生難以承受時間的考驗和歷史的咀嚼。

真正的人生畢竟不是「速食」，而是一種兼具營養和藝術價值的筵宴。它需要一張清清楚楚的「食譜」，以使各種物料得到最佳的搭配，同時特能夠讓我們從從容容地烹製美味佳餚。生命清單，不光是安排先做什麼後做什麼，更為重要的是，它使我們建立了一種精神理想和追求。

四十多年前，15 歲的約翰‧戈達德（John Goddard）把一輩子想做的大事列了一張表，題名為「一生的志願」。

在表中，他為自己列了 127 個目標：「到尼羅河、亞馬遜河和剛果河探險；登上珠穆朗瑪峰、吉力馬札羅山和麥特荷恩山；駕馭大象、駱駝、駝鳥和野馬；探訪馬可波羅和亞歷山大一世走過的道路；讀完莎士比亞、柏拉圖和亞里斯多德的著作；譜一部樂曲；寫一本書；遊覽全世界的每一個國家；結婚生孩子；參觀月球等等。」

約翰·戈達德說：「我寫那張表，是因為在 15 歲時我已清楚地認知到自己的閱歷貧乏。我那時思想尚未成熟，但具有和別人同樣的潛力，我非常想做出一番成就。我對一切都極有興趣 —— 旅行，醫學，音樂，文學……我都想做，還想去鼓勵別人。我繪製了那張奮鬥的藍圖，心中有了目標，就會感到時刻都有事做。我也知道周圍的人往往墨守成規，他們從不冒險，從不敢在任何一個方面向自己挑戰。我決心不走這條老路。」

事實是，約翰·戈達德實現了自己的理想。

16 歲，他和父親完成了喬治亞州的奧克費諾基大沼澤和佛羅里達州的埃弗格萊茲探險。

20 歲，他在加勒比海、愛琴海和紅海裡潛水，並且在歐洲上空參加了 33 次戰鬥飛行。

21 歲時，他已經旅行了 21 個國家。

22 歲剛滿，他在瓜地馬拉的叢林深處發現了一座馬雅文化的古廟。並成為「洛杉磯探險家俱樂部」有史以來最年輕的成員。

26 歲，他和另外兩名探險夥伴來到布隆迪山脈的尼羅河之源，勝利地從尼羅河口划入了蔚藍色的地中海。

緊接著，他乘筏飄流了整個科羅拉多河；探查了長達 2,700 英里的剛果河；在南美的荒原、婆羅洲和新幾內亞與食人生番、割取敵人頭顱作為戰利品的人一起生活；爬上了亞拉拉特山和吉力馬札羅山；駕駛超音速兩倍的噴氣式戰鬥機飛行；寫了一本《乘皮艇下尼羅河》；結了婚並生了五個孩子。

戈達德已經完成了 100 多個目標。他獲得了一個探險家所能享有的榮譽，其中包括成為英國皇家地理協會會員和紐約探險家俱樂部的成員。

來自個體生命自我覺醒意識的體現，「生命清單」是一種有序的、遵

循一定步驟的人生計畫。當然，由於這種原因，並不是每個人都能洞察預見自身的潛能和實際，來制訂整個一生的計畫，但針對人生某些時段的某些事，我們完全可以也有必要，仔細地安排做事的程序和要點，作為行動的依據和指南。

那麼，為人生列一份清單，需要注意那些法則呢？

首先，需要制定一個成功的目標。強烈的成功動機主要靠內部激發。需要從內心激發出來對成功的追求。當把成功的目標與自己一生的使命相連繫時，就會發現人生的每一天都有它的意義。認知到自己的責任與使命，並願意為之付出努力，是內部激發成功動機的最直接的方式。無論透過何種方式激發自己的成功動機，有一點是明確的，即這種動機越早激發越好。因為它將引導自己的行為。

其次，認真策劃人生每一步。制訂每一階段的計畫務必做到具體而明確。有一個著名的馬拉松運動員說：「我刻意將長跑路線上的幾個地點記得爛熟，所以，每當我跑完一個里程時，心裡就想著下一個里程的名字，這樣，一段很長的路線就被我在心裡分割成好幾段小的里程，而我需要做的就是全力跑完這些短的里程。」每天努力改善一點點，即使加快步伐不能使你聞名世界，但卻一定有助於做出更好的成績和獲得成就感。

最後，正確理解競爭的意義。生活中處處存在著競爭，大到整個社會，小至一個小組。競爭，像一根無形的警示牌，在不時地督促我們。這就需要我們在策劃人生時，確立自己的生活坐標。

列好了人生的清單，就可以大顯身手，把一切做的圓滿，以最大程度地豐富生命。

養成每天學習的習慣

　　知識和才能的成長，不是一朝一夕的事，只有養成每天學習的習慣，才會有不菲的收穫。

　　威廉・奧斯勒爵士（Sir William Osler）是美國當代最偉大的內科醫生之一。他的傑出的成就不僅在於他精深的專業知識和技能，而且因為他具備各方面的淵博知識。他非常重視提升自身修養，也很清楚要了解人類傑出成就的最好途徑就是閱讀前人留下的文字。但是，奧斯勒有著比別人大得多的困難。他不僅是工作繁忙的內科醫生，同時，他還必須任教、進行醫學研究，除了少得可憐的吃飯、睡覺時間。他大多數時間都浸泡在這三種工作中。

　　奧斯勒自有他的解決辦法。他強迫自己每天必須讀書 15 分鐘，不管如何疲勞、難受。睡覺之前的 15 分鐘必須用來看書。即使有時研究工作進行到夜間兩點，也會讀到 2 點 15 分。堅持一段時間後，他如果不讀書 15 分鐘就無法入睡。

　　在這種堅持下，奧斯勒讀了數量相當客觀的書籍。除了專業知識之外，他在其他方面的才學亦十分全面，這種趨於完美的知識結構使他能夠充分發揮業餘愛好，並皆有成就。

　　從清貧困苦的學徒少年到「塑膠花大王」，從地產的大亨到股市的大人物，從商界的超人到知識經濟的巨擘，從行業的至尊到現代高科技的急先鋒……李嘉誠一路走來，幾乎都能占得先機，發出時代的新聲，賺得巨大的財富。他有什麼成功的祕訣嗎？

　　李嘉誠出生在一個書香世家。家學淵源對少年李嘉誠的影響深刻久遠，他對自己 14 歲之前的求學、求知經歷，曾有過這樣的感嘆：「少年時

期學到的知識彌足珍貴，它令我終身受益。」

　　少年時代，李嘉誠三歲就能詠《三字經》、《千家詩》等詩文。但年幼的李嘉誠並不滿足於學校教授的詩文。李氏家族的古宅，有一間珍藏圖書的藏書閣，李嘉誠每天放學回家，便泡在這間藏書閣裡，孜孜不倦地閱讀課堂學不到的知識，由此他被表兄弟們稱為「書蟲」。這為李嘉誠後來的發展與輝煌奠定了寶貴的基礎。

　　可是好景不長。14 歲這年，由於生活所迫，李嘉誠只好輟學打工，每天必須工作 15 個小時以上。儘管如此，李嘉誠也沒有放棄學習，回到家後，他苦讀到深夜。由於學習太用心，他經常會忘記時間，以至於想到要睡覺的時候，已到了上班的時間。就在他的同事們閒暇打麻將的時候，李嘉誠也是捧著一本《辭海》在啃，時間長了，厚厚的一本《辭海》被翻得發了黑。

　　後來，李嘉誠來到公司實習。白天工作晚上的時間全由自己掌握。這時，李嘉誠給自己定下了新的目標 —— 利用下班時間自學完高中課程。可是他的薪資微薄，既要維持家用還要供養弟妹上學，根本沒有多少多餘的錢用來買教材，他靈機一動，買了舊教材。

　　後來，李嘉誠回憶這段往事，說：「先父去世時，我不到 15 歲，面對嚴酷的現實，不得不去工作，忍痛中止學業。那時我太想讀書了，但家裡是那樣的窮，我只能買舊書自學。我的智慧是環境逼出來的。我花一點點錢，就能買來半新的舊教材，學完了又賣給舊書店，再買新的舊教材。就這樣，我既學到知識，又省了錢，一舉兩得。」

　　對李嘉誠來說，首先要解決的是語言問題，英語若不夠流利，很難在國際應對自如。

　　李嘉誠開始把學習語言當做一件大事來對待。他學習英語幾乎到了走

火入魔的地步。在上學、放學的路上,他邊走邊背單字。夜深人靜,他怕影響家人的休息,獨自跑到屋外的路燈下讀英語。天剛亮,他馬上爬起來,口中念念有詞,不是在朗讀就是在背誦英文。功夫不負苦心人,李嘉誠憑著每天刻苦學習的毅力,最終熟練地掌握了英語。英語給李嘉誠帶來了無法估量的巨大財富。

在塑膠廠創立之初,李嘉誠時刻敏銳地關注著塑膠行業的任何一個動向。終於,他在英文版《塑膠》雜誌上,發現一則好消息。他當機立斷,在一無資金二無技術三無人才的窘境下,隻身一人飛赴義大利拜師學藝。在義大利的這段日子,李嘉誠靠著堅忍不拔的毅力和無所畏懼的膽識與智慧,學到了塑膠花生產技藝。

從此,迎來了一個塑膠花的黃金時代,也使李嘉誠榮獲了「塑膠花大王」的美譽,他為打造未來的商業王國攫取了第一桶金。

有人問李嘉誠:「今天你擁有如此巨大的商業王國,靠的是什麼?」

李嘉誠回答:「依靠知識。」

那人又問:「李先生,你成功靠什麼?」

李嘉誠毫不猶豫地回答:「靠學習,不斷地學習。」

在六十多年的從商生涯中,李嘉誠一如既往地「不斷學習」。他每天晚上睡覺前,都要看半個小時的書或雜誌,學習知識、了解行情、掌握資訊。文、史、哲、科技、經濟方面的書他都讀。

李嘉誠說:「年輕時我表面謙虛,其實內心很『驕傲』。為什麼驕傲?因為我在孜孜不倦地追求著新的東西,每天都在進步,這樣離我的目標就不遠了。」

高爾基說:「書籍是人類進步的階梯。」對於這個「階梯」的理解,應該是人們一生的經歷有限,不可能每件事情都透過自己的行動來獲得知

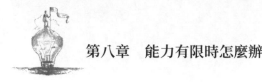

識，那麼就只能依靠書籍。每天學習，不斷進步，也就是走上了一條通往成功的道路。

最後，讓我們粗略計算一下每天讀書的效果：按照中等閱讀速度每分鐘讀 400 字，假如每天抽出 15 分鐘的時間用於學習，可以讀 6,000 字；如果能夠抽出 30 分鐘，則可讀 1 萬字。即使只按 15 分鐘計算，一個月下來你就看了 18 萬字，一年下來就是 200 多萬字，這差不多是 3,000 多頁的書；若按一本書 20 萬字計算，每天讀書 15 分鐘，一年就可以讀十多本書，這個數目是相當客觀的。

選擇自己最順手的棋

向左走？向右走？……人生的「地圖」上，處處是十字路口。每一個選擇都是在為自己種下一顆命運的種子。一步走對了，又一步走對了，無數大大小小的選擇走對了，你才能夠品嘗到成功的甘甜果實。

人的一生，只有一件事不能由自己選擇 ── 自己的出身。其他的一切，皆是由自己選擇而來。從你早上起來要穿哪一件衣服出門開始，你在選擇；中午要去哪裡吃飯，你又在選擇；女孩子有眾多的追求者，在考慮結婚的對象，到底是哪一位男士比較適合自己？要選擇；男生找工作時要從多家大企業中選擇。選擇有大有小，有輕有重，將每一種選擇累積起來，就成了一個人的一生。

那麼，面對形形色色的選擇，我們應該如何做？

洛克斐勒說：如果人生是一場賭博，我一定要選擇自己擅長的賭博方式。將人生當成一種賭博似乎太慘烈了。那麼，我們不妨把人生當成一盤棋，並下好這盤棋。學學洛克斐勒的處事方法：選擇自己最順手的棋。

　　少年時代，洛克斐勒的夢想就是當富翁，「成為一個有 10 萬美元的人」。在平均月薪資只有十幾美元的 19 世紀下半葉，這是一個遠大的夢想。為了早日實現這個夢想，他在 1855 年高中畢業後便開始找工作，而且只找銀行、批發商、鐵路公司這類有發展前途的工作。終於，同年 9 月 26 日他找到了一份會計辦事員的工作，薪資大約為一般工作的兩倍。洛克斐勒對自己的這一選擇很滿意，把工作的第一天作為自己的第二個生日，每年都予以慶祝。

　　1858 年，洛克斐勒的年薪已增至 600 美元，大約相當於最初的 3 倍。但他認為，比較合理的報酬應該是 800 美元，於是就向老闆提出加薪的要求。老闆支支吾吾地拖延，洛克斐勒在冷靜地思索之後，選擇了辭職創業，他與英國人莫里斯·B·克拉克（Maurice B. Clark）合夥創辦了一家商業公司。當時，他的自有資金只有 800 美元，又以 10% 的年息向他父親借了 1,000 美元。由於經營得當，他們第一年就賺了 4,000 美元，第二年賺到了 17,000 美元。第三年是 1861 年，美國內戰爆發，剛剛起步的克拉克 —— 洛克斐勒公司透過買賣糧食、肉類、農具、鹽和其他日用品而大發戰爭財。

　　不久，石油工業在美國興起。洛克斐勒非常看好這種新興行業，轉而經營石油，並在 1865 年用 72,500 美元的巨款買下原公司中屬於克拉克的股份，與一名技術專家塞繆爾·安德魯斯（Samuel Andrews）合作，創辦了一家專營石油的公司。當年，這家新公司的年收入達到 100 萬美元，次年達到 200 萬美元。再後，一陣瘋狂並充滿陰謀的收購、兼併、征戰後，洛克斐勒壟斷了全美 95% 的石油生產，並成為美國，也是全世界的第一位資產超過億萬美元的超級大富豪。

　　一個選擇對了，又一個選擇對了，不斷地做出正確的選擇，到最後便

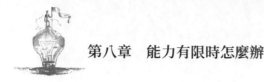

產生了成功的結果。一個選擇錯了，又一個選擇錯了，不斷地做出錯誤的選擇，到最後便產生了失敗的結果。

什麼樣的選擇決定什麼樣的生活。今天的生活是由三年前我們選擇決定的，而今天我們的選擇將決定我們三年後的生活。

一個人在選擇自己的人生道路時，要考慮到自己的特長。聰明的人，總會去做自己擅長的事情。因為如果做不擅長的事情，就算我們再努力，頂多也就是不會被別人落下太遠，但要想出人頭地是很難的。而做擅長的事，則可以讓我們有可能成為那個領域的菁英。

將精力集中在一點

歌德說：「一個人不能同時騎兩匹馬，必須騎上這匹，就要丟掉那匹。聰明人會把分散精力的要求置之度外，只專心致志地去學一門專業 —— 學了就要把它學好。」

Google 副總裁李開復說：「我學到的一個很大教訓是，當一個公司開始不能專注主業，太貪心地擴張很多業務的時候，反而把他寶貴的東西稀釋了，也就是經理人的注意力。也許 CEO 都很優秀，但他每天要把60％、70％的精力都花費在理解那些自己不熟悉的新業務上的時候，反而只會把他的主業給荒廢了。」

美國鋼鐵大王安德魯·卡內基在一次與美國商學院畢業生的對話中指出：「獲得成功的首要條件和最大祕密，是把精力完全集中於重要的事。一旦決心做哪一行，就要出類拔萃，要持續不斷地改進，要採用最好的機器，要盡力通曉這一行。失敗的企業是那些分散了精力的企業。它們在這裡投資，又在那裡投資；到處都有投資。『別把所有的雞蛋放入一個籃

子』之說是大錯特錯。我告訴你們，要把所有的雞蛋放入一個籃子，然後照顧好這個籃子。注視周圍並留心觀察，能這樣做的人往往不會失敗。照顧好那個籃子很容易，但想多提籃子因而打碎雞蛋的人也多。有三個籃子的人就必須把一個籃子頂在頭上，這樣很容易摔倒。」

你知道以前的石匠是怎麼敲開一塊大石頭的嗎？他所擁有的工具只不過是一個小鐵錘和一支小鑿子。當他舉起錘子重重地敲下第一擊時，沒有敲下任何碎片，甚至連一絲鑿痕都沒有，可是他並不以為然，繼續舉起錘子一下再一下地敲，100 下、200 下、300 下，大石頭上依然沒出現任何裂痕。可是石匠還是沒懈怠，繼續舉起錘子重重地敲下去，路過的人看他如此賣力而不見成效卻還繼續做，不免竊竊私語，甚至有些人還笑他傻。可是石匠並未理會，他知道雖然所做的還沒看到立即的成效，不過那並非表示沒有進展。他又挑了大石頭的另一個地方敲，一錘又一錘，也不知道是敲到第 500 下還是第 700 下，或者是第 1,000 下，終於看到了成效，那不是只敲下一塊碎片，而是整塊大石頭裂成了兩半。難道說是他最後那一擊，使得這塊石頭裂開的嗎？當然不是，這是他一而再、再而三連續敲擊的結果。

持續不斷的敲擊使一塊大石頭變成了兩塊。一個人的精力是有限的，只有把有限的精力全部集中到一件事情上，才能把這件事情做好。

沒有一個全能的人，也沒有一個人能把所有的事情都做好。用心不專，精力分散，目標過多，只會導致失敗。

有些人自身能力很強，但就是不能集中精力。在做事的過程中，他們雖然能掌握大局，卻無法深入到事情的各個環節，不能顧及所有的細節，浮而不實，漏洞百出，最終導致全盤皆輸。

一個人要想真正在某個領域裡獨占鰲頭、獨樹一幟，他就必須學會專

一。確定一個主攻方向，然後集中精力、全神貫注地追求每個細節的完美，這樣才能夠產出成果。什麼都做，到頭來什麼都做不好，只能永遠跟在別人的後面跑，永遠也欣賞不到最美麗的風景。

有句諺語叫：「三百六十行，行行出狀元」。意思很清楚，每個行業都可做出非凡的成績，關鍵是必須確定自己從事哪個行業。這樣，你才能用集中精力去解決所有的細部問題，獲得最大的成就。

傑出人士與平庸之輩的根本區別，並不是天賦和機遇，而在於有無核心目標，能不能集中精力將一件事情做好。

19 世紀時，有一位瑞典青年，家境窮困，經常三餐不繼。但他沒有自暴自棄，決心要改變自己的命運，一有空就學習關於建築和化工方面的知識。

後來，年輕人進入了一家建築公司擔任助理。工作積極，盡心竭力，深得上司的讚賞。因為表現出色，他先後協助了一些著名建築師的工作，並從中學到了許多東西，累積了許多寶貴的經驗和知識。

有一天，在街上，他見到一群侍衛，簇擁著瑞典國王查理四世出訪。他情不自禁地想：「如果我有國王那樣的機遇就好了。」

查理四世原來是個法國人，曾是拿破崙身邊的元帥，由於他的卓越才能為老瑞典國王所賞識，因此在臨終前收他為義子，並將自己的王位留給了他。查理四世不負老瑞典王的厚望，將瑞典治理得井井有條。

想到這裡，年輕人動起了腦筋。突然，他眼前一亮，「國王原來是法國人，如果我在瑞典建造一座類似法國凱旋門的建築物，一定能引起他的注意。」

有了這個想法，年輕人開始行動。不久之後，他就在一座國王經常經過的瑞典小城內，建起了一座凱旋門，其神韻酷似法國的凱旋門。

一天，國王經過小城，突然看到了凱旋門，驚訝得說不出話來。睹物思情，緬懷過去，引發了他許多感慨。於是，順理成章，國王特別召見了年輕人，誇讚他的建築技術。從此，他不但擠進了上流社會，更一躍成為瑞典建築界大師，身價百倍。

針對一件事，哪怕是很小的事情，只要集中精力，努力下去，使自己成為這方面的專家，那麼就會具備自己的優勢，就會離自己的希望、職業成功、幸福生活更近了。

管理好自己的時間

成功者都非常珍惜自己的時間。因為他們知道，失去了時間就永遠無法翻本，而利用好時間就是贏得了最大的資本。

世界最大的鋼鐵企業 —— 伯利恆鋼鐵公司的總裁查理斯·舒瓦普（Charles Schwab），與效率專家艾菲·李（Ivy Lee）會面時，舒瓦普說他自己懂得如何管理，但事實上公司不盡如人意。他說：「應該做什麼，我們自己是清楚的。如果你能告訴我們如何更好地執行計畫，我聽你的，在合理範圍內價錢由你定。」

艾菲·李說可以在 10 分鐘內給舒瓦普一樣東西，這東西可使舒瓦普的公司業績提升至少 50%。然後，他遞給舒瓦普一張空白紙，說：「在這張紙上寫下你明天要做的最重要的六件事，然後用數字表示每件事情對於你和你的公司的重要性次序。」

這個過程大概只花了 5 分鐘。

艾菲·李接著說：「現在把這張報紙放進口袋，明天早上第一件事就是把這張紙條拿出來，著手處理第一件事，直至完成為止。然後，用同樣

方法對待第二件事，第三件事⋯⋯直到下班為止。如果你只做完第一件事情，也沒關係，因為你總是做著最重要的事情。」

艾菲・李又說：「每一天你都要這樣做。你對這種方法的價值深信不疑之後，叫公司的人也這樣做。這個實驗愛做多久就做多久，然後給我寄支票來，你認為值多少就給我多少。」

整個會面不到半個鐘頭。幾個星期之後，舒瓦普寄給艾菲・李一張 25 萬美元的支票，還有一封信。信上說那是他此生最有價值的一課。

在所有資源中，時間不同於其他資源，它沒有彈性，找不到代用品來替代它，而且時間永遠是短缺的。時間既不能停止，也不能保存。因此，管理利用好時間，它將為人生贏得最大的資本。

下面是幾種利用時間的妙招，也許可以給你以啟示：

▌掌握好零碎時間

在古老的、生活節奏緩慢的馬車時代，用一個月的時間經過長途跋涉才能走完的路程，我們現在只要幾個小時就可以穿越。但即使在那樣的年代，不必要的耽擱也是犯罪。文明社會的一大進步是對時間的準確計量和利用。

把零碎時間用來從事零碎的工作，從而最大限度地提升工作效率。比如乘車時，在等待時，可用於學習，勇於思考，用於簡短地計劃下一個行動等。充分利用零碎時間，短期內也許沒有什麼明顯的感覺，但長年累月，將會有驚人的成效。

在位於費城的美國造幣廠中，在處理金粉工廠的地板上，有一個木製的盒子。每次清掃地板時，這個盒子裡細小的金粉隨之被收集起來。日積月累，每年可以因此節約成千上萬美元。

事實上，每一個成功人士都有這樣的 1 個「盒子」，把那些零碎、被

分割得支離破碎的時間，都收集起來利用。等著咖啡煮好的半個小時，不期而至的假日，兩項工作安排之間的間隙，等候某位不守時人士的閒暇等等，都被他們如獲至寶般地加以利用。而那些被稱之為瞬間的零碎時間被充分利用，便產生了奇蹟。

不放過交通時間

生活在大都市，通常人們每天早上要花上 1 個小時在路上，而下班回家時又要花上 1 個小時。很明顯，有兩方面值得你認真考慮一下：

◆ 你是否能縮短交通時間？
◆ 你能否有效地利用這些時間？

對於如何有效地利用上下班的交通時間這一問題，要因人而異。對於有車一族來說，隨手打開車上的收音機任意播放節目，但這並不是利用時間的最好辦法。

你可以採取一點別的更加有效的方法：在早晨業務匯報之前，把相關事項先想清楚；分析分析業務、私人問題或可能發生的事；在心裡面為一天的工作先進行規劃。

重要的是避免由惰性或習慣來決定如何利用上班交通的時間。在這段時間裡，要有意識地決定把注意力集中在什麼方面。你會驚訝地發現，如果不浪費這段時間將會獲得多麼寶貴的益處。

盡量少睡覺、多做事

儘管大多數人要保證每天 8 小時的睡眠，但也有一些例外。根據美國達特茅斯醫學院睡眠診所主任彼得·哈瑞博士所說，大多數成年人每天平均睡眠時間在 7 ～ 7.5 個小時，但是對很多人來說，6 個小時或者 5 個小

時的睡眠就已經足夠了。超過你需要的睡眠只是白白耗費時間而已，對健康不但無益而且可能有害。

怎麼才能知道自己需要睡眠多少時間呢？方法很多，但就是不可以根據在某一個特定時間是多麼難起床來做判定 —— 你可能會發現多睡或少睡了也是同樣的不適。

哈瑞博士說：「要找出你到底需要多少睡眠時間，你應該透過不同睡眠長度來做實驗，每一種情形實驗一兩個星期。如果你只睡 5 個小時，仍然覺得思維敏捷，工作有效率，那就用不著強迫自己躺在床上 7 個小時。如果你睡了 8 個小時，仍然覺得軟弱無力，難於集中精神，那你可能就是那些需要睡眠 10 個小時的人之一。」

▌避免不必要的時間浪費

隨著網際網路的發達，人們打發空閒時間也更方便了。沒事做了，就上網聊天，玩遊戲。尤其是許多年輕人，除了工作、睡覺，其他時間幾乎被網路占去了大部分。有些人甚至能花整晚的時間玩遊戲，這是多麼可惜！

下面有避免浪費時間的 8 條小技巧，供大家參考：

1. 如果這件事情不需要上網就可以完成，把網斷掉。對於某些人來說，上網就是浪費時間的頭號敵人。要辦正事時，一定控制自己。
2. 延長查看電子郵件的週期。包括看小說、玩遊戲都包括在內。
3. 如果手邊的工作或學習很重要，工作期間不要接電話，回頭再打回去就好。當你在工作、思考、創意和學習時，最好把電話話筒拿起來，手機關機。
4. 如果你的工作環境讓你不能工作，換個沒人打擾的地方。比如在圖書

館自習室、環境好一點並清靜的咖啡廳和茶座看書或工作，效率會很高。

5. 不只是看電視，就是看韓劇、電影和動畫片也是一樣，看的時候很開心，但很浪費時間。

6. 平衡你的娛樂和工作時間。分配好工作和娛樂和比重，不要過於極端。玩遊戲要適可而止。

7. 時時檢查你的時間安排和現在已經進行中的項目。筆記本和筆是最安全、方便的工具。每天列個大致計畫，當天的主要項目和工作做個列表，並經常確認完成情況。

8. 以小時為單位劃分你的工作時間，用更少的時間做更多的事情。比起小時，如果你嘗試記錄每件事花銷的分鐘，效果會更好。只要你堅持記錄一個月左右，你就會發現自己對時間的敏感越來越強。

堅持、堅持再堅持

從前，有三隻很不幸的青蛙同時摔到了一個牛奶桶裡。

第一隻青蛙在桶裡游了一圈，發現根本沒有出路，就放鬆四肢，等待死亡。

第二隻青蛙在桶裡游了兩圈，發現找不到出路，在桶中呱呱大叫，希望有人來救援。

第三隻青蛙在桶裡游了三圈，發現沒有出路，牠又潛入桶底，發現也沒有出路，但是牠發現桶是傾斜的，於是在較低的那一面拚命地跳躍。跳了又跳，跳了再跳，一跳再跳，牠終於踩到了一小塊凝結的乳酪，最後一躍，牠成功地跳出了牛奶桶。

可以這樣說，第一隻青蛙經不起任何挫折，一遭遇困難就喪失了鬥志，永遠不會成功；第二隻青蛙雖然求生的能力不強，但牠至少還懂得「呱呱大叫」，也許還有一點希望；最聰明的要算是第三隻青蛙了，牠不畏逆境，在逆境裡不氣餒，不輕易放棄生命，堅信自己能成功，並不停地努力奮鬥，最終獲得成功。牠靠的是什麼？靠的就是堅持不懈！

是的，人處逆境在所難免，只要堅持不懈，總會看到希望的春天。像第三隻青蛙一樣透過自己的努力，最終突破逆境的事例很多，下面這位拳擊手就是很典型的一例：

1970 年代，是世界重量級拳擊史上英雄輩出的年代，4 年來未登上拳臺的拳王阿里，此時體重已超過正常體重將近 10 公斤，速度和耐力也已大不如前，醫生給他的運動生涯判了死刑。然而，阿里堅信精神才是拳擊手比賽的支柱，他憑著頑強的毅力重返拳臺。

1975 年 9 月 30 日，當 33 歲的阿里與另一拳壇猛將喬‧弗雷澤（Joe Frazier）第三次較量（前兩次一勝一負）在進行到第 14 回合時，阿里已精疲力竭，瀕臨崩潰的邊緣，這個時候一片羽毛落在他身上也能讓他轟然倒地，他幾乎無絲毫力氣再迎戰第 15 回合了。然而他拚著性命堅持，不肯放棄。

他心裡清楚，對方和自己一樣，只剩最後一口氣，比到這個地步，與其說在比力氣，不如說在比毅力，就看誰能比對方堅持更久。他知道，此時如果在精神上壓倒對方，就有勝出的可能。

於是，他竭力保持著堅毅的表情和誓不低頭的氣勢，雙目如電，令弗雷澤不寒而慄，以為阿里仍存著體力。這時，阿里的教練安吉洛‧敦提（Angelo Dundee）敏銳地發現弗雷澤已有放棄的意思，他將此訊息傳達給阿里，並鼓勵阿里再堅持一下。阿里精神一振，更加頑強地堅持著。果

然，弗雷澤表示俯首稱臣，甘拜下風。裁判當即高舉阿里的臂膀，宣布阿里獲勝。這時，保住了拳王稱號的阿里還未走到臺中央便眼前漆黑，雙腿無力地跪在了地上。弗雷澤見此情景，如遭雷擊，他追悔莫及，並為此抱憾終生。

在最艱難，也是最關鍵的時刻，阿里堅持到勝利的鐘聲敲響的那一刻，成就了他輝煌人生中的另一個傳奇。

人生就是如此，任何通向成功的道路都布滿了荊棘，充滿了數不清的艱難與困苦，辛酸與煎熬。在奮鬥的征程上，有的人只走了幾步便回頭了，成為一個哀怨憂憤的小人物，湮沒在茫茫人海中；有的人走得稍遠一點，但是也未能堅持下來，因為多次的失敗令他焦頭爛額，心力交瘁，於是打了退堂鼓；有的人走得更遠一些，他甚至走到了離成功只差很小一步的地方，正如拳臺上與阿里對峙的弗雷澤一樣。而此時必定是一個人此生最關鍵的時刻，這個時候，就全憑一股不甘失敗不願放棄的超強意志來繼續向前走了。如果你想要建功立業的豪情沒有退卻，熱情也沒磨光，熱情也沒消解，氣力也就不可能全部耗盡，只要堅持就有可能看到勝利的曙光。但有許多人偏偏在最不該放棄的時刻，信念轟然倒塌，意志全線崩潰，相信了錯覺，以為自己不可能成功，於是便投降了、放棄了，結果前功盡棄，本來唾手可得的成功便真的不屬於自己了。等到某個時候，猛然驚醒：原來自己曾經離成功那麼近，近得只隔了 0.1 微米，只要再堅持一下，哪怕一個瞬間，自己就是人皆嚮往的成功者了，然而遺憾的是，現在成功已經屬於別人了，屬於意志比自己更堅定的強者，留給自己的只有無盡的悔恨。

邱吉爾說過這樣一句話：成功的祕訣就是：堅持堅持再堅持！世上所有的成功，都產生於再堅持一下的努力之中。

我們再看這樣一個故事：

古老的阿拉比王國坐落在大漠深處，多年的風沙肆虐，使昔日富饒的城市變得滿目瘡痍，城裡的人越來越少。國王意識到了危機。

一天，國王將四個王子召集到一起，對他們說：「我打算將國都遷往美麗而富饒的卡倫。卡倫離這裡很遠很遠，要翻過許多崇山峻嶺，要穿過草地、沼澤地，還要涉過很多大河，但離這裡究竟有多遠，沒有人知道。」國王看了看他們繼續說：「我決定讓你們四個分頭前往探路。」

四個王子都很驚訝國王的決定；但他們還是服從了命令，帶上充足的物品出發了。

大王子乘車走了八天，翻過四座大山，來到一望無際的草地，他一問當地人，才知過了草地，還要過沼澤，還要過大河、雪山。他想到路途如此艱難和遙遠，於是停止了前進。

二王子策馬穿過一片沼澤後，被一條寬闊的大河擋住了去路，望著奔湧的河水，他也掉轉了馬頭。

三王子漂過了兩條大河，卻又走進了一望無際的沙漠，在茫茫的沙漠中，他茫然不知所措，於是開始搜尋著回來的路。

一個月後，三個王子陸陸續續回到國王身邊，將各自沿途所見報告給國王。並都再三強調，他們經歷了很多艱難，也在路上問過很多人，也都告訴他們去卡倫的路很遠很遠。

又過了六天，小王子風塵僕僕地回來了，他興奮地向父親報告——到卡倫只需 18 天的路程。

國王滿意地笑了：「孩子，你說得沒錯，其實我早就去過卡倫了。」幾個王子不解地望著國王——那為什麼還要派我們去探路？

國王一臉鄭重地說道：「我只想告訴你們四個字——腳比路長。只要

堅持，就沒有到不了的地方。」

其實，許多人在逆境面前，像前面的三位王子一樣，剛開始也是咬緊牙關，然而沒有多久就放棄了，為什麼呢？因為他們沒有必勝的信念，更缺乏堅強的意志，他們在逆境的海洋中一旦失去了目標，找不到新的出路，為此他們只能選擇退卻，承受失敗。

所以說，堅持是成功的良好特質之一，連死神也怕咬緊牙關的人。

厚著臉皮，硬著頭皮

有個人為辦一個手續，連跑了幾個地方，不知為什麼，總是解決不了問題。有人說要送禮，他不懂送禮也不願送禮，只有憤憤然罵上兩句，自己苦惱不堪。

一位朋友了解此事後，指點他直接去找某主任。但他到辦公室卻撲了個空，追到家也沒人 —— 還被勢利的保母「損」了幾句。他頓時憤怒不已，卻又「好男不跟女鬥」，只得帶著滿腹懊惱回到家，發誓再也不去找人辦事了。

一位朋友知曉後哈哈大笑，說：「你呀！就這麼不會處理事情！在外辦事哪有這麼容易的！我找人辦事是一求、二求、三求，不行再四求、五求、六求。事實不可謂不詳盡，道理不可謂不充分。現在，我不但臉皮厚了，連頭皮都變硬了！」

一席話深深地觸動了這位朋友。第二天，他又「厚」著臉皮去找某主任。結果是出乎意料的順利，主任只照例問了一些問題便為他辦了手續，菸都未抽一支。

人生在世，需要處理數不清的事，需要請無數人幫忙，萬事不求人是

不可能的，既然要求人臉皮薄是不行的。

很多人都說，要厚著臉皮做人，硬著頭皮做事，說的就是這個道理。在這方面流傳最廣的故事，就屬司馬相如和卓文君的故事了：

一次偶然的機會，漢代的大辭賦家司馬相如來到卓府，見到了風華正茂才藝超群的卓文君，兩人一見鍾情，以身相許，並連夜私奔到了成都。

卓文君隨司馬相如到成都後才知道，她的夫君雖然名聲在外，但家中卻很貧寒。萬般無奈，他們只好返回臨邛，硬著頭皮託人向卓王孫請求一些資助，不料，卓王孫破口大罵：「我不治治這個沒用的女兒就算便宜她了，還想要我接濟，一塊錢都不給！」

夫婦兩人聽說父親的態度如此堅決，心都涼了半截，可是眼下身無分文，日子要怎麼過呢？很快他們想出了一個辦法：

第二天，司馬相如把自己僅有的車、馬、琴、劍及卓文君的首飾賣了一筆錢，在距卓府不遠的地方租了一間屋子，開了一間小酒鋪。司馬相如穿上員工的衣服，捲起袖子和褲腳，像酒保一樣，又是擦桌椅，又是搬東西，卓文君穿著粗布衣裙，忙裡忙外，招待來客。

酒店剛開張，吸引了許多人來。這不是因為他們賣的酒菜物美價廉，而是前來目睹這兩位遠近聞名的落難夫婦。司馬相如夫婦一點也不感覺難堪，內心反而很高興，因為這正達到了他們的目的 —— 給食古不化的老父親看看。因為卓文君的父親卓王孫是一位有頭有臉的人物，十分顧忌流行一時的風言風語。

果然，不久臨邛城裡人人都在議論這件事，有的對這一對夫婦表示同情，有的責備卓王孫刻薄。有幾個朋友便勸卓王孫說：「令嬡既然願意嫁給他，就隨她去吧！再說司馬相如好歹也當過官，還是縣令的朋友。儘管現在貧寒，但憑他的才華，將來一定會出人頭地，應該接濟他們一些錢

財，何必與他們為難呢？」

這樣一來，卓王孫萬般無奈，分給卓文君夫婦僕人百名，錢財百萬，司馬相如夫婦大喜，帶上僕人和錢財，回成都生活了。

表面看來，司馬相如與卓文君的做法，頗有幾分無賴之相。其實套用一句俗話，這叫做「死豬不怕開水燙」，我已經走投無路，還要那面子做什麼？要丟人現眼，索性一起丟了吧！說穿了，這是他們夫妻在萬般無奈的情況下才想出來的計策 —— 做人做事的計策。

在某些時候，特別是身處逆境的時候，做人就要厚著臉皮，做事也要硬著頭皮，否則的話，人做不好，事也做不成。許多事如果不丟開面子、硬著頭皮去做，就會像下面我要說的這塊石頭一樣，質地再好也只能被人遺棄，莫可奈何了：

據說很久以前，有個著名的雕刻師傅準備塑造一尊佛像讓人膜拜，精挑細選後，看上其中一塊質感上乘的石頭，沒想到才拿起鑽刀開始敲琢幾下，這塊石頭就痛不欲生，不斷哀嚎：「痛死了，痛死了，呀！不要再刻了，饒了我吧！」

師傅只好停工，任其躺在地面，另外再找了一塊質感較差的石頭，重新思索，只見這較差的石頭，任憑刀琢棒敲一概咬緊牙根堅忍承受，沉默不發一語，師傅更加賣力，精雕細琢下，果然雕成了極品，大家驚訝其傑作，決定加以供奉，供善男信女日夜頂禮膜拜，從此，該廟宇香火鼎盛，遠近馳名。

不久，無法忍受雕刻之痛的前一塊石頭，被人廢物利用，鋪在通往廟宇的馬路上，人車頻繁經過，又要承受風吹雨打，感到痛苦不堪，內心亦憤憤不平，質問廟裡這尊佛像，說道：「你資質比我差，卻享盡人間禮讚尊崇，而我卻每天遭受凌辱踐踏，日晒雨淋，你憑什麼啊？」

佛像只是微笑著說：「誰叫你當初受不了苦，沒敲幾下就哇哇叫！」

這塊石頭的教訓太深刻了，我想，它至少能給我們留下了兩條人生感悟：

◆ 做人要堅強，不論別人怎麼看待你，嘲笑你，要相信自己，然後走自己的路，讓別人說去吧！

◆ 做事情要不畏懼任何艱險困難，硬著頭皮，一無反顧地朝著自己的目標不懈奮鬥！

放大承受痛苦的容積

人生在世，不如意之事十有八九。現實生活中，人們往往為朋友的背棄、為事業的不順心、為生活的不如意而痛苦、迷茫，有的甚至不能自拔。

那麼，遇到這種情況，我們該怎麼辦呢？如果一味地逃避現實，或為痛苦而痛苦，都不是辦法，勢必讓人一蹶不振甚至棄世輕生，既然避免不了，我們應該面對的時候還是要面對。這讓我想起了一則這樣的寓言故事：

從前，印度有一個師傅對於徒弟不停地抱怨，感到非常厭煩，於是有一天早上派徒弟去取一些鹽回來。

當徒弟很不情願地把鹽取回來後，師傅讓徒弟把鹽倒進水杯裡喝下去，然後問他味道如何。

徒弟吐了出來，說：「很苦。」

師傅笑著讓徒弟帶著一些鹽和自己一起去湖邊。他們一路上沒有說話。

來到湖邊後，師傅讓徒弟把鹽撒進湖水裡，然後對徒弟說：「現在你

喝點湖水。」

徒弟喝了口湖水。師傅問：「有什麼味道？」

徒弟回答：「很清涼。」

師傅問：「嘗到鹹味了嗎？」

徒弟說：「沒有。」

然後，師傅坐在這個總愛怨天尤人的徒弟身邊，握著他的手說：「人生的苦痛如同這些鹽，有一定數量，既不會多也不會少。我們承受痛苦的容積的大小決定痛苦的程度。所以當你感到痛苦的時候，就把你的承受的容積放大些，不是一杯水，而是一個湖。」

這位師傅說得太好了！

反過來說，正是由於生活中這不多不少的苦痛，讓我們更加的堅強。當承受痛苦的容積放大時，那些苦痛變為生活的點綴，讓我們知道什麼是幸福、什麼是快樂，讓我們的生活變得有滋有味。

其實，世界有時就像一面鏡子，你對它笑，它就對你笑；你對它哭，它就對你哭。人的生命太短暫，太寶貴了，千萬不要去自尋煩惱。當你感到痛苦時，不妨把你承受痛苦的容積放大些。

這個故事還告誡我們，有些痛苦既然無法逃避，就勇敢地接受吧！學會承受痛苦吧！你會發現，當坦然接受後，一定會有意想不到的禮物出現在痛苦之上。當勇敢面對時，那些曾經的傷疤會讓我們生命的河流，流得更寬、更遠，更加清澈無比。

的確，很多時候，陷入痛苦不能自拔不是因為那個痛苦本身有多大，而是因為盛放它的心胸太小了，無意中放大了痛苦。可以說，心胸與痛苦的大小是成反比的，如果一個人能夠做到心胸寬廣，那麼他心裡的痛苦就顯得很渺小了；如果他的心胸狹窄，那麼在他心裡就會有許多的想不通，

許多的抱怨，痛苦的折磨感就會隨之變大。

曾經有人這樣問我：「我不知道明天在哪裡？我不知道希望在哪邊？我不知道幸福在何方？我不知道愛一個人永遠是多遠？」

我這樣回答他：「今天過去就是明天，希望就在你的眼前。幸福其實就在你的手心裡，愛一個人永遠是到地老天荒，海枯石爛也許還不算完。」

是啊！幸福就在我們身邊，遺憾的是我們往往意識不到這一點。有些東西當我們意識到它的價值，認為它對我們來說很重要的時候，我們往往又失去了它。所以不要抱怨你的生活，也許你現在抱怨的生活才是最充實、最幸福最快樂的日子。不要抱怨你的伴侶，也許你現在想丟棄的卻恰恰是最適合你。

聰明的人永遠是快樂的，因為聰明的人不去思考生活中不如意的十之八九，而只思考快樂的十之一二。得不到的東西要懂得放棄，明知道得不到還要念念不忘不過是徒增煩惱。用一個開朗寬容的心去容納這些痛苦，像上面寓言中說的那樣，把承受痛苦的容積放大，那麼痛苦的滋味就淡了，亦或沒有了。

所以說，心胸小了，痛苦的感覺就重了，要想淡化痛苦，就要放大承受痛苦和悲傷的心胸，那麼如何成為一個心胸開闊的人呢？

- **學會忘卻**：忘記，是太極般的寬容。事情過去了，就讓它成為真正的過去，沒必要長期積壓在心中用憂慮為其陪葬。
- **學會放鬆**：如果不懂得緩解壓力，就容易被其壓垮，失去好心情以及身體的健康，因為諸事不順，心胸自然也無法寬闊。所以，要學會放鬆，心情好了，一切都會變得美好。
- **用快樂之水沖淡苦味**：人的精力總是有限的，快樂的事情想得多了，

不快樂的事情肯定想得少；相反，不快樂的事情想得多了，快樂的事情肯定想得少，因為他沒有精力想，或者還來不及想。正因為這樣，雖然有許多痛苦，但專注點和興奮點，都在尋找快樂上，用快樂之水沖淡了苦味，心就是快樂的。

總之，只有把承受痛苦的心放大了，痛苦才會淡化；痛苦淡化了，你就有了做事的熱忱，你的能力也隨之得到提升。

透過合作的方式完善自己

一個人能力再強，總有不如人的地方，即使能變，也不必指望有脫胎換骨的改變。就像一個人不能制伏一頭健壯的野豬，不要緊，只要有心與人合作，取人之長，補己之短，就可以彌補這個缺陷。

在美國加州，生長著一種植物，叫紅杉，他們是世上現存最高大的植物。最高的達到 110 多公尺，相當於 30 層樓那麼高。

科學家對紅杉進行研究，發現許多奇怪的現象。按理來說，長得越高的植物，根應扎得越深。但是，紅杉的根只是淺淺地浮在地表。如果高大的植物的根扎得不夠深，這種植物就非常脆弱：只要一陣大風，就能將它連根拔起。但紅杉卻能夠長得高大且屹立不搖。

原來，沒有一株紅杉是單獨生長的，它們生長在一大片的紅杉林中。這一大片紅杉彼此的根緊密相連，一株接著一株，結成一大片。這讓紅杉牢牢地固定在了地面上。即使是自然界威力無比的颶風，也無法撼動幾千株根部緊密連結，占地超過上千公頃的紅杉林。

自然界總能給我們很多的啟示。紅杉的例子，告訴我們：成功需要依靠別人，只有善於團結更多的人，你才能更成功。

每個人都要借助他人的智慧完成自己人生的超越，因為一個人的能力有限，只有善於與人合作，才能夠彌補自己的不足，實現自己難以達到的目的。

　　在古代，狩獵是人們主要的生計來源。在當時，野豬和兔子是主要的獵物，古代人們的狩獵手段比較落後，弓箭的威力也頗為有限，在這樣的條件下，我們可以進一步假設，兩個獵人一起去獵野豬，才能獵獲1頭野豬；如果一個獵人單兵作戰，他只能打到4隻兔子。打到1頭野豬，兩家平分，每家吃15天；打到4隻兔子，只能供一家吃4天。

　　如果對方願意合作獵野豬，你的最優行為是和他合作共獵野豬。如果對方只想自己去打兔子，你的最優行為也只能是自己去打兔子，因為這時候你想獵野豬也是空想，一個人單獨制伏不了一頭野豬，所以你將一無所獲。

　　如今，一個人所面臨的形勢要比打野豬複雜得多，所以更需要與他人進行合作。因為一個人的能力往往局限於某一處，或者某幾個有限的領域裡。這種局限能夠在一定程度上獲得突破，但是不可能徹底突破。那麼，合作就是突破這種局限最好的方式。

　　能力有限是每一個人的先天不足，只要有心與人合作，善假於物，那就可能彌補這個缺陷。如果能取人之長、補己之短，而且能互惠互利，那麼合作的雙方都能從中受益。

　　那麼，我們該如何與人合作呢？

　　首先，要具有雙贏意識。合作的目的是為了透過大家的共同努力，取得共同的成功。如果你只是自私地想自己成功，而不顧其他人，這樣沒有人願意和你合作。

　　其次，要以誠相待，互相尊重。合作雙方最忌諱的就是互相使心眼。

既然是合作夥伴，就是同一條線上綁的兩隻蚱蜢，一損俱損，一榮俱榮。因此，要團結一致，以誠相待，互相尊重。

最後，要胸懷大度，求同存異。在合作的過程中出現分歧是難免的，但既然走到一起，就說明雙方有緣分，要珍惜合作機會，互相謙讓一步就過去了。如果不能做到這一點，就有可能矛盾越鬧越大，最終受損失的是雙方。

荀子說：「人……力不若牛，走不若馬，而牛馬為用，何也？曰：人能群，彼不能群也。」既然與人合作是人的一種本能，與人合作又是快樂的泉源，那就應該把它融入於生活之中，建立起良好的社會關係，在合作中不斷完善自己。

善於借用他人的力量

俗話說：山外有山，人外有人。一個人能力再強，總有不如人的地方。這時候，就要學會借用他人的力量，為己所用。

西漢初年，天下初定。漢高祖劉邦即位後，隔三差五就舉行一次宴會，以犒勞那些在戰爭中出生入死的將領。

這次，劉邦在洛陽南宮大宴群臣。席間，酒至半酣時，劉邦問眾將領：「大家說說看，我劉邦為什麼能得天下，項羽為什麼不能的？」

高起、王陵回答說：「陛下雖然好笑話人，可是只要攻下了城池，陛下總會將其分給人民，跟天下人同享利益。而項羽雖有婦人之仁，但心眼小，好妒忌人，打了勝仗部下也得不到好處。這就是他失去天下的原因。」

劉邦哈哈一笑，說道：「你們是只知其一，不知其二。若論運籌帷

幄，決勝千里之外，我不如張良；若論鎮守國家，安撫百姓，供給糧餉，不絕糧道，我不如蕭何；若論集結百萬雄兵，戰無不勝，攻無不克，我不如韓信。這三個人都是人中豪杰，我能任用他們，這就是我得天下的原因。項羽只有一個范增，又不能很好地任用他，這就是他失敗的原因。」

　　三國中的劉備，和劉邦有相似的特點，他文采不如諸葛亮，武功不如關羽、張飛、趙雲，但是，最終這些優秀人才都能為他所用，靠的就是他那種借人力量的智慧。

　　自己某方面的能力不足，但能夠發現別人的才能，並為我所用，就等於找到了成功的力量。聰明的人都善於從別人身上吸取力量來補充自己。

　　《聖經》中，摩西算是世界上最早的教導者之一。他懂得一個道理：只要得到其他人的幫助，就可以做成更多的事情。

　　當摩西帶領以色列子民們前往上帝那裡索求領地時，他的岳父杰塞羅發現摩西的工作實在太累了，如果他一直這樣下去，人們將會吃更多的苦。

　　於是，他決定幫助摩西解決這個問題。他想了一個非常高妙的招數，他告訴摩西將這群人分成幾組。每組 1,000 人；然後再將每組分成 10 個小組，每組 100 人；再將 100 人分成 2 組，每組各 50 人。最後，再將 50 人分成 5 組，每組各 10 人。最後，杰塞羅教導摩西，要他讓每一組選出一位首領，這位首領必須能夠負責解決本組成員所遇到的任何問題。

　　摩西接受了建議，並吩咐那些負責 1,000 人的首領，只有他們才能將那些無法解決的問題告訴給他。

　　摩西聽從了杰塞羅的建議後，便用足夠的時間來處理那些真正重要的問題，而這些問題大多只有他才能解決。

　　在這裡，杰塞羅交給摩西的就是如何領導和支配他人的藝術，也就是

借用他人的力量為自己所用，從而調動了團隊的智慧。

借別人的力量為自己所用，其實是多方面的，任何有長處的地方，都值得我們借鑑，如此方能完善自己，使自己的力量變強。

北宋仁宗時，將軍狄青屢建戰功，威名遠播。

仁宗想要召見他，正趕上敵人侵犯渭州，仁宗於是取消了召見，下令狄青攻擊敵人，傳旨說：

「朕欣賞將軍，將軍盡可立功殺敵，如有捷報，朕定有賞賜。」

狄青殺退了敵人，仁宗立刻任命狄青為真定路副都總管。有的大臣輕視狄青的出身，上奏說：「狄青出身行伍，因罪被充軍，至今臉上仍保留著充軍時所刺的字。如此卑賤之人只可利用，不可重用，否則，世人只會議論陛下用人不當了。」

仁宗氣憤地答道：「只論出身，不論戰功，又有誰還會為朕賣命呢？朕的國家完全靠忠臣、功臣來保衛，朕當然不能冷落了他們。」

仁宗極力提拔狄青，狄青先後做過侍衛步軍殿前都虞侯、眉州防禦使、步軍副都指揮使、保大安遠兩軍節度觀察留後、馬軍副都指揮使等官，十多年就位居顯貴行列。

狄青深明仁宗的恩義，他常對部下告誡說：「皇上不介意我的出身，我之所以有今天，都是皇上所賜。皇上乃明君，我們都要誓死報效、英勇殺敵。」

皇佑年間，廣源州蠻族人依智高叛亂，攻陷邕州，圍攻廣州，嶺南的蠻族部人也跟著響應，聲勢很大。仁宗先後派了幾員大將去征伐，很長時間都沒有奏效，仁宗一時愁眉不展，心慌不已。此時，狄青上書請命，他說：「臣當兵出身，長期承受陛下的大恩，今日當是臣報答陛下的時候了，無論多麼艱苦，臣一定建功報國，死而後已。」

仁宗大感欣慰，他高興地對群臣說：「嶺南戰爭不濟，朕整日不得安心。狄青主動請戰，為朕分憂，這才是真正的良將啊！朕一向對他抱有厚望，相信他必奮力死戰，不負朕望。」

仁宗想要提拔狄青的官職，馬上有大臣阻止道：「狄青未建功勛，此刻升遷還不是時候。不如待其凱旋，陛下再升遷其官職也不遲。」

仁宗又一次嘆道：「這樣做就太勢利了，怎能真正打動人心呢？朕就是要顯示對狄青的信任和垂青，使其一心殺敵。」仁宗任命狄青為宣徽南院使、荊湖南北路宣撫使、廣南盜賊事經制使，身兼數職。

狄青十分惶恐，他上書請辭道：「臣殺敵報國，本屬應該，陛下賞賜太優，臣不敢接受。」

仁宗召見狄青，對他說：「朕依靠將軍平叛，國家命運全在將軍身上，何等賞賜都是應該的，你無須謙讓。朕不是吝嗇之人，更不是只說不做之輩，朕該做的都做了，剩下就看你的了。」

狄青感動地落淚，決心以死報效仁宗。狄青對部將說：「皇上對我們天高地厚，難道我們還能不盡全力嗎？我們不僅為了皇上，而且也為了我們自己的大好前程。」狄青全力討敵，屢打勝仗。仁宗不斷給予重賞，連連升遷他的官職。

回到京城後，仁宗任命他為樞密使，賜給他一處名為收敦教坊的住宅，對他的每個兒子也加官封爵。仁宗對手下大臣說：「朕借助臣子才得以治理天下，若是只想著自己的好處那肯定是不行的。狄青為朕殺敵、為國建功，朕若有功不賞，哪裡能令其安心呢？」

可見，借別人力量的時候，一定要不吝回報，如此方能皆大歡喜。

當然，在現實生活中，善於借用他人的力量，還包括很多，比如：

借助親戚的力量。每個人都有三親六戚，與親戚來之間的來往也是日

常生活中的重要內容。親戚之間大都是血緣或親緣關係，這種特定的關係決定了彼此之間連繫的親密性。而當人們遇到困難的時候，首先想到的也是找親戚幫忙。因此，當自己的能力不足以應付某件事情的時候，找親戚幫忙會得到得天獨厚的便利。

借助朋友的力量。自身的能力不足以解決事情的時候，就可借朋友之手助自己一臂之力。當然，這需要我們平時多結交一些「有志之士」。但是，要怎樣才能交到更多更好的朋友呢？關鍵還要看自己做人的道行高深與否。道行深的人，桃李不言，下自成蹊；道行淺的人，終歸難免庭前冷落車馬稀。

借助同學的力量。現代社會，同學之間的幫忙，經常可以見到。比如，在一個企業裡，同一個學校畢業的同學或校友中，如果有一個晉升到的主管職位，那麼，不出幾年，這些同學或校友便都能得到提升晉級，這大概就是同學關係的力量。

借助同鄉的力量。同鄉關係是很特殊的，也是一種很重要的人際關係。既然是同鄉，那涉及某種實際利益的時候，則是「肥水不流外人田」，只能讓同鄉「近水樓臺先得月」。也就是說，需要按照「資源共享」的原則，給予適當的「照顧」。

《菜根譚》寫到：「天地之氣，暖則生，寒則殺。故性氣清冷者，受享亦涼薄。唯和氣熱心之人，其福必厚，其澤亦長。」人在社會上或在工作中表現出的人與人的關係是一種相互依存的關係，我們不僅肩負著共同的責任，而且也有很多工作必須依靠大家共同合作才能完成，否則，互相拆臺，暗中作梗，明處搗亂，要想把一件事情做好是不大可能的。而讓周圍的人都能齊心協力、團結合作，自然需要有和諧一致的氣氛。但有一條十分重要，那就是無論借助什麼人的力量，我們都要虛心學習，並真誠

相待。

有能力，更該有「人力」：

還在孤軍奮戰流血流汗？那些你花費很多心力的事情，有時候只需要「人脈」就能搞定！

編　　著：康昱生，老泉

發 行 人：黃振庭

出 版 者：財經錢線文化事業有限公司

發 行 者：財經錢線文化事業有限公司

E-mail：sonbookservice@gmail.com

粉 絲 頁：https://www.facebook.com/
　　　　　sonbookss/

網　　址：https://sonbook.net/

地　　址：台北市中正區重慶南路一段六十一號八
　　　　　樓 815 室

Rm. 815, 8F., No.61, Sec. 1, Chongqing S. Rd.,
Zhongzheng Dist., Taipei City 100, Taiwan

電　　話：(02)2370-3310

傳　　真：(02)2388-1990

印　　刷：京峯彩色印刷有限公司（京峰數位）

律師顧問：廣華律師事務所 張珮琦律師

定　　價：330 元

發行日期：2023 年 03 月第一版

◎本書以 POD 印製

國家圖書館出版品預行編目資料

有能力，更該有「人力」：還在孤軍奮戰流血流汗？那些你花費很多心力的事情，有時候只需要「人脈」就能搞定！/ 康昱生，老泉編著 . -- 第一版 . -- 臺北市：財經錢線文化事業有限公司 , 2023.03

面；　公分

POD 版

ISBN 978-957-680-601-8(平裝)

1.CST: 人際關係 2.CST: 成功法

177.3　　112001619

電子書購買

臉書